AF299086

LA MANIERE

DE SE BIEN PREPARER

A LA

MORT

Par des considerations sur la CENE, la PASSION,
& la Mort

DE

JESUS-CHRIST,

Avec de trés-belles Estampes Emblematiques,

Expliquées par Mr. DE CHERTABLON,
Prêtre & Licentié en Theologie.

Vivere totâ vitâ discendum est ; & quòd 'mage fortasse miraberis, totâ vitâ discendum
est mori. *Seneca de brevit. vitæ.* Cap. VII.

A ANVERS

Chez GEORGE GALLET.

M. DCC.

Avec Approbation.

AVERTISSEMENT.

IL ne faut que voir ces Eſtampes qu'on expoſe au public , pour juger d'a-bord qu'elles ſont l'ouvrage d'un trés-grand Maître.

Le deſſein en eſt beau, ingenieux, & aſſez difficile à penetrer. La gloi-re de l'invention en eſt deuë à un Religieux de l'Ordre de Saint François; & un ouvrage ſi ſaint & ſi pieux ſeroit encore une énigme pour la plus-part des Lecteurs, ſi une perſonne , qui n'a pas moins d'eſprit que de ſavoir, n'a-voit apliqué ſes ſoins à nous donner une explication exacte & circonſtanciée d'un deſſein qu'on ne connoiſſoit qu'en gros. Les remarques qu'il fait ſur toutes les parties qui compoſent ces Tableaux , ſont ſi claires, ſi judicieuſes , ſi naturelles; & elles s'appliquent ſi bien à leur ſujet, qu'on ne peut douter, en les liſant, que celui qui les a faites, n'ait bien rencontré.

Il diviſe tout l'Ouvrage en trois parties , dont chacune a treize planches, & devant chaque partie il y a une repreſentation poëtique de la mort, qui ſert de preparatif aux diverſes figures qui la repreſentent enſuite dans toutes ſes circonſtances. Ainſi, il y a en tout 42. planches.

La premiere Partie repreſente , ce qui s'eſt paſſé à la Cene du Fils de Dieu, lors que ce bon Sauveur ſe mit à laver les pieds de ſes Diſciples.

La ſeconde comprend ce qui eſt arrivé depuis la Cene, juſqu'au crucifiement de Jeſus Chriſt.

La troiſiéme fait voir le reſte de ſa Paſſion juſqu'à la mort du Sauveur.

Quoy que la mort ſoit le principal & même l'unique ſujet qui regne dans tout cet ouvrage , on peut dire neanmoins qu'on l'a diverſifié d'une maniere qui ſurprendra agréablement le lecteur. Il y trouvera des remarques trés-curieu-ſes, des inſtructions trés-ſolides, des conſeils ſalutaires , des maximes ſaintes , une Morale pure & chrètienne ; & tout cela d'une maniere ſi conciſe , que quelque ſerieuſe qu'en ſoit la lecture , on n'aura pas le tems de s'y ennuyer.

Pour prevenir même cet ennuy, que donne ordinairement une matiere ſi

A 2

lu-

AVERTISSEMENT.

lugubre, on a joint aux paſſages de l'Ecriture, qui ſont comme le fond de l'ouvrage, divers endroits des Peres, & mêmes des Poëtes & des Orateurs qui ſont comme un aſſortiment qui ne déplaira pas aux lecteurs, & qui, ſi on le peut dire, égaye une matiere qui eſt aſſez triſte d'elle-même.

Enfin comme le ſujet de ces Eſtampes eſt la mort, & la maniere dont on s'y doit préparer, on a crû que pour rendre plus utiles les reflexions qui les accompagnent, il ſeroit bon de les faire preceder par le dicours ſuivant qúi explique la cauſe de noſtre mort, la crainte qu'elle imprime dans nos eſprits, les raiſons de cette crainte, & les remedes qui la peuvent faire ceſſer.

PRE-

PREFACE

Sur l'origne & la crainte de la mort.

SECTION I.

Origine de la mort.

LE peché d'Adam eſt la ſeule cauſe de la mort, car *Dieu ne la point faite* , dit le Sa-ge, * *& il ne prend point plaiſir dans la perte des vivans.* Mais † la premiere ſour-ce de la mort a été l'envie , que le Demon a porté à la felicité de l'homme.   C'eſt el-le qui a ouvert la porte à la mort , & qui lui a donné entrée dans le monde: car Dieu avoit créé l'homme de telle maniere, * que rien ne le pouvoit détruire, parce qu'il l'a-voit fait pour être une image qui lui reſſemblât.   Ainſi Dieu luy avoit, en quelque ſorte , communiqué ſon immutabilité , auſſi bien que ſon impeccabilité. Il étoit impec-cable, en ce qu'il ne pouvoit ne pecher point, par cette grace † qui convenoit à ſon état, ſuffiſante pour s'y maintenir , mais ſujette à ſa volonté, & dépendant de ſon libre ar-bitre, Il étoit immortel, parce qu'il pouvoit ne point mourir , par cette vie qui reſ-ſembloit à ſa grace , & qui dépendoit du bon ou du mauvais uſage qu'il feroit de ſa liberté. Il ſe trouvoit ainſi dans un commencement d'impeccabilité & d'immortalité , qui le devoit conduire à ſa derniere perfection : parce qu'en conſervant ſon innocence, il devoit conſerver ſa vie, & arriver ainſi à une impeccabilité abſoluë & à une immor-talité parfaite, qui auroit conſiſté à ne pouvoir plus ni pecher, ni mourir.

Le peché donc a précedé , & la mort a ſuivi; le peché comme la caûſe , la mort comme ſon effet.   L'homme n'eût jamais ſoûfert l'une, s'il eût evité l'autre.   En pe-chant il a perdu la vie, & il a trouvé la mort, dont Dieu l'avoit menacé. Rien de plus juſte que de mourir aprés avoir peché. *Dieu eſt la vie de l'ame, comme l'ame eſt la vie du corps.* * L'homme donc, en pechant volontairement , a ceſſé de vivre malgré lui , lors

marginal notes:
* *Deus mortem non fecit nec lætatur in perditione vivorum.* Sap. c. I. 13.
† *Invidiâ Diaboli mors introivit in orbem terrarum.* Sap. 11. 24.
* *Deus creavit homi-nem* ine ter- Auguſt.

minabilem , *& ad imaginem ſimilitudinis ſuæ fecit illum.* Sap 11.23, † S. Auguſt. *auxilium ſine quo non.* Trac.47. inJoan. *Vita carnis tuæ, anima tua: Vita animæ tuæ, Deus tuus.*

qu'il

qu'il a quité la vie , en penfant la conferver par une nourriture défenduë. Il n'a plus voulu demeurer foumis à Dieu, & il n'a pû davantage s'affujettir fon corps. Il a refufé l'obeïffance à fon Superieur, & il a perdu l'autorité qu'il avoit fur foi-même ; & parce que l'efprit a efté rebelle à Dieu, la chair eft devenuë rebelle à l'efprit : & comme l'efprit ne pouvoit fe feparer de Dieu que par le peché, le corps ne pouvoit être feparé de l'efprit que par la mort.

Nous voyons par-là manifeftement qu'il n'eft rien de plus convenable à la droite raifon , ni qui foit plus felon les loix d'une juftice bien ordonnée, que ce qui a fuivi la cheute du premier Homme ; que la mort ait produit la mort , qu'une mort fpirituelle & volontaire ait produit une mort corporelle & neceffaire , & que l'une ayant été le crime, l'autre en fût la peine & le châtiment.

C'eft ce que l'Apôtre nous enfeigne par ces paroles. * *Comme le peché eft entré dans le monde par un feul homme, & la mort par le peché ainfi la mort eft paffée dans tous les hommes, tous ayant peché dans un feul.* C'eft ainfi qu'il a établi la doctrine du peché Originel, qui paffe à tous les hommes, & qui leur eft commun, comme l'heritage de nôtre premier Pere. Et quoi que ce peché s'éface par le Bâtême, il nous rend neanmoins toûjours fujets à la juftice de Dieu, par le fupplice de la mort corporelle, dont le Bâtême ne nous fauroit exemter. D'où il faut tirer ces deux confequences : l'une qu'il faut être bien infenfé, pour s'amufer à goûter les plaifirs du monde, dans l'attente d'un fupplice, dont l'arrêt nous eft prononcé , & dont nous devons craindre à toute heure l'execution. L'autre ; que le peché eft mille fois plus à craindre que la mort corporelle , puifqu'elle n'eft que l'effet & la peine du peché, & que le peché, comme nous avons veu, eft une efpece de mort infiniment plus terrible , parce qu'il fepare l'ame de fon Dieu, qui eft fa vie.

Cependant au lieu de craindre le peché , nous ne craignons que la mort : c'eft pourquoy nous allons examiner la nature & les raifons de cette crainte.

* ad Rom. v. 12. *Sicut per unum hominem peccatum in hunc mundum intravit & per peccatum mors; & ita in omnes homines mors pertranfit, in quo omnes peccaverunt.*

SECTION II.

Crainte de la mort.

LE defir de fe conferver étant naturel à toutes les creatures, qui évitent autant qu'elles peuvent leur deftruction ; il y auroit lieu de s'étonner, que l'homme , qui eft un Eftre fi excellent, & une Creature raifonnable, n'eût pas les mêmes fentimens. La mort étant donc une feparation des deux parties, dont l'homme eft compofé, & la na ure auffi bien que la raifon, lui infpirant le defir de fa confervation, elles doivent neceffairement lui faire apprehender cette feparation, comme la deftruction de fon être , & par confequent on ne fauroit nier que la crainte de la mort ne foit jufte & raifonnable. Cela fait voir que la penfée de Juvenal eft fauffe, quand il dit. †

† Satyra 10.

> *Fortem pofce animum, & mortis terrore carentem,*
> *Qui fpatium vitæ extremum inter munera ponat*
> *Naturæ.*

„ Demandez (aux Dieux) de ne point craindre la mort ; Mais plutòt de regarder le der-
„ nier

„ nier moment de vôtre vie comme le dernier des bienfaits dont ils vous comblent.
On peut dire la même chofe de la penfée de Lucain. †

> ——————— *Mors ultima pœna eft,*
> *Nec metuenda Viris.*

„ La mort eft la derniere des peines, que des gens de cœur ne doivent pas craindre;
Mais ces autres Payens qui ont dit, que la mort étoit la chofe du monde la plus
terrible, en ont eu une idée bien plus jufte. Les Saints mêmes qui n'avoient que
du mépris pour toutes les chofes de la terre, qui ne foûpiroient qu'aprés celles du
Ciel; ces Saints qui avoient témoigné tant de haine pour leur corps, & qui l'avoient
traité d'une maniere fi rude durant toute leur vie, ont apprehendé de le quitter à
l'heure de la mort. *St. Hilarion*, ce Pere de tant de Solitaires, qui dés fa jeuneffe s'é-
toit fait un tombeau plutôt qu'une demeure, au milieu d'un afreux defert, reprocha
à fon ame la crainte de la mort : *fortez mon ame*, lui difoit-il, *que craignez-vous de*
quitter ce corps. Il y a prés de foixante & dix ans que vous fervez Dieu, & craignez-vous la
Mort? Le Saint des Saints, Jefus-Chrift lui-même n'a-t-il pas tremblé aux approches
de la Mort? Et cette crainte n'a-t-elle pas été le commencement de fa Paffion?

Il eft vray que le Fils de Dieu excita lui-même cette apprehenfion dans fon ame, &
qu'étant le chef de tous les fideles, il fit paffer jufques à lui la crainte de fes membres pour
en purger fon Corps myftique, & pour nous communiquer fa force & fon courage,
dans le tems qu'il participoit lui-même à nos craintes & à nos foibleffes. Enfin il a
craint la mort, pour nous apprendre par fon exemple, l'ufage que nous devons tirer
de cette crainte falutaire, & de la mort qui en doit être l'objet. Mais tout cela fuppo-
fe au fond que tous les hommes doivent craindre la mort; tout cela fait voir la juftice
de cette crainte, & en prouve fortement la neceffité.

Que fi ce que nous venons de dire, n'eft pas capable d'infpirer la crainte de la
mort, on n'a qu'à confiderer, que c'eft aux † approches de la mort, que le Demon,
ce grand ennemi de nôtre falut, fait fes derniers éforts pour nous perdre. Il dreffe alors
toutes fes machines, & il n'eft point de ftratageme qu'il ne mette alors en ufage.
Il travaille de toute fa force à ébranler nôtre foi, à éteindre nôtre charité, & à nous
ôter toute nôtre efperance. Enfin aprés nous avoir infpiré une prefomption temeraire,
& nous avoir endormis toute nôtre vie dans le bras de la fecurité, à l'heure de nôtre mort,
il nous fait voir Dieu comme un Juge inexorable, pour nous précipiter dans le defefpoir.

SECTION III.

Circonftances de la mort, autre fujet de crainte.

UNe autre raifon de craindre la mort, c'eft l'incertitude de fes circonftances pendant
qu'elle même eft fi certaine, fi infaillible, fi inevitable. Tout le monde fait qu'il faut
mourir, & que la mort nous attend. Mais le tems, le lieu le genre de nôtre mort, l'état où elle
nous trouvera, c'eft ce qu'on ignore. Circonftances qui meritent bien d'eftre confide-
rées, & qui ne font que trop capables de nous tenir toûjours dans la crainte de la mort.

L'incertitude du tems nous eft enfeignée par Jefus-Chrift même, lors qu'il nous

†Lib. 8.
de bello
civili.

Voyez
la figu-
re. 17.

†Figu-
re 19.
20. 21.
23. &
24.

ex-

* Matt.
XXV. 13.

exhorte * à *veiller* inceſſamment, *d'autant*, dit-il, *que vous ne ſavez ni le jour ni l'heure*: Et la diſtinction que le Seigneur fait de l'heure & du jour, ſert à nous faire penſer, que quand le jour nous ſeroit certainement connu, l'heure nous ſeroit toûjours inconnuë & incertaine, & par conſequent nous pourrions en être ſurpris. Sur quoi le Grand St. Auguſtin a fort bien remarqué, que la providence de Dieu a caché aux hommes le dernier jour de leur vie, pour les tenir toûjours dans la crainte, & pour les obliger à regarder chaque jour comme le jour de leur mort. St. Hilaire nous aprend la même verité en diſant, que l'ignorance de ce dernier jour, nous eſt tres-utile, pour nous faire tenir ſur nos gardes par la crainte du larron, & pour nous obliger à prendre ſi bien nos meſures, que nous n'en ſoyons pas ſurpris. †

† In Matt. Cap. 26. *Ut ignorantiam illam diei omnibus taciti, non ſine utilis ſilentii ratione eſſe ſciremus, vigilare nos Dominus propter adventum furis admonuit..... Paratos igitur eſſe nos convenit, quia diei ignoratio, intentam ſolicitudinem ſuſpenſæ expecta tionis exagitat.*

Le lieu de la mort n'eſt pas moins incertain que le temps. Elle nous peut ſurprendre en tous lieux, à la ville, à la campagne, ſur la mer, en terre ferme; ſur le trône & dans l'hôpital; dans l'Egliſe & à la Comedie. Enfin le lieu où l'on ſe croit le plus en aſſûrance, eſt ſouvent le lieu fatal où la mort nous ſaiſit pour nous faire comparoître devant le tribunal de Dieu. C'eſt ce que le Poëte Martial a remarqué d'une maniere tres-ingenieuſe. *

> *Nullo fata loco poſſis excludere; cum mors*
> *Venerit, in medio Tibure Sardinia eſt.*

,, On ne peut éviter la mort en aucun lieu; quand ſon heure eſt venuë, on trou-
,, ve l'air infecté de Sardaigne dans le plus ſain de Trivoli. Enfin Seneque, parle †
,, moins en Payen qu'en vray Chrêtien, quand il dit: il eſt incertain dans quel lieu la
,, mort vous attend; attendez la donc en tous lieux.

Le genre de nôtre mort eſt la troiſiéme circonſtance qui n'eſt pas moins incertaine que les deux autres. Seneque, que nous venons de citer, en a fait le ſujet de ſes meditations. * L'homme ne ſait dit-il, ſi la mort ſera ſubite au milieu d'une grande ſanté, ou ſi elle ſera la fin d'une longue maladie; ſi elle ſera douce & tranquille, ou cruelle & violente; s'il mourra par le fer, par l'eau, par le feu, ou par quelqu'autre genre de mort. L'Ecriture fait ſouvent mention de cette incertitude. Salomon dans ſon Eccleſiaſte, * aprés avoir dit que *l'homme ignore quelle ſera ſa fin*, il le compare aux poiſſons & aux oiſeaux en ces termes. *Comme les poiſſons ſont pris à l'hameçon, & les oiſeaux aux filets, ainſi les hommes ſe trouvent ſurpris par l'adverſité,* [c'eſt à dire par la mort] *lors que tout d'un coup elle fond ſur eux.*

* Lib. 4. Epig.

* Epiſt. 26. *Incertum eſt quo te loco mors expectet, itaque tu illam omni loco expecta.*

Mais l'incertitude de la quatriéme circonſtance de nôtre mort eſt bien plus capable encore de nous inſpirer de la crainte. C'eſt celle de l'état auquel la mort nous trouvera. Il n'eſt rien de plus incertain que cet état. Salomon nous en avertit au même lieu par ces paroles: * *L'homme ne ſait pas s'il eſt digne d'amour ou de haine; mais tout ſe reſerve pour l'avenir & demeure ici incertain.*

Ainſi l'homme ne ſait qu'une choſe ſur ce ſujet, qui loin d'amoindrir cette crainte, ne fait que l'augmenter davantage. C'eſt que tel que ſera l'état où la mort le trouvera, telle auſſi ſera la mort qui lui arrivera; heureuſe, ſi elle le trouve dans la juſ-

*mors expectet, itaque tu illam omni loco expecta. * Epiſt. 70 82. & 101. † Cap. IX. 12. Neſcit homo finem ſuum, ſed ſicut piſces capiuntur hamo, & ſicut aves laqueo comprehenduntur, ſic capiuntur homines in tempore malo, cum eis exemplo ſupervenerit. * Eccl. IX. 1, neſcit homo, utrum amore an odio dignus ſit: ſed omnia in futurum ſervantur incerta.*

tice, malheureuſe, ſi elle le rencontre dans le peché. Et comme ſon état eſt toûjours douteux, lors même qu'il ne ſe ſent pas chargé de quelque crime, qui ne le rendroit que trop certain de ſon mauvais état, ſa mort eſt auſſi toûjours douteuſe. ſi on étoit aſſûré, au moment de la mort, d'avoir une foi vivante, & operante par la charité, on ſeroit ſeur en même tems, qu'une mort ſainte ſeroit pour nous la porte de la vie, & l'heureux paſſage à la felicité éternelle. Mais quelle aſſûrance avons nous, que nous portons maintenant dans nôtre cœur, & que nous porterons à l'heure de nôtre mort, ces dons de Dieu, ces richeſſes de ſa grace, ces principes de nôtre juſtice, & ces gages du ſalut éternel? Si ce ſont des graces de Dieu, de purs effets de ſa liberalité, des preſens qu'il ne fait qu'à ſes éleus, c'eſt-à-dire à ceux qu'il a choiſis de toute éternité, dont le nombre tout certain qu'il eſt à l'égard de Dieu, eſt tout à fait incertain à l'égard de ceux qui le compoſent; qui peut ſe promettre qu'il eſt du nombre de ces éleus, de ces perſonnes choiſies, de ces vaſes ſacrez où Dieu a reſolu de renfermer ces divins treſors?

Ainſi quoi que nous ſoyons certains d'être dans la veritable Egliſe, où ſe trouve la veritable foi, où l'on profeſſe conſtamment toutes les veritez de la Religion; pouvons nous dire la même choſe à l'égard de la charité? Elle eſt cependant l'ame de la foi; ſans elle la foi eſt morte, le ſalut impoſſible, la mort criminelle & malheureuſe.

Comme donc perſonne ne peut s'aſſurer certainement, que la charité brûle dans ſon cœur, ſa mort lui ſera toûjours douteuſe, & par conſequent toûjours capable de lui donner de la crainte.

SECTION IV.

Juſte crainte de la mort pour les pecheurs.

SI la mort eſt à craindre, parce qu'on ne ſait pas, ſi on eſt digne d'amour ou de haine, comme nous venons de voir, elle eſt encore bien plus à craindre, lors qu'on eſt, ou qu'on doit être aſſuré, qu'on n'eſt pas digne d'amour, mais de haine; ce qui arrive lors qu'on eſt en état de péché mortel; Car tout fidelle qu'on eſt, la foi n'eſt pas alors vivante & operante par la charité, qui ſeule met de la difference entre les enfans de Dieu & les enfans du Demon; * entre les juſtes & les pecheurs: Celui qui n'aime point dit St. Jean † demeure dans la mort, ſavoir du péché; c'eſt à dire qu'il ne faut qu'un moment pour le jetter dans la mort eternelle. Quel ſujet de crainte pour les pecheurs, qui ſe trouvent dans ce triſte état? Quelles frayeurs ne doivent ils pas avoir pour la mort du corps, puis qu'ils éprouvent deja celle de l'ame, & qu'à toute heure la mort pouvant les ſurprendre dans leur péché, ils peuvent dans un moment paſſer de la mort du péché à la mort éternelle? On leur peut dire avec St. Bernard, § *Comment pouvez-vous vivre dans un état où vous n'oſeriez mourir?*

Marginalia: * Aug. Sola dilectio diſcernit inter filios Dei, & filios diaboli. † I. Joan 3. 14. § Serm. 41 de parvis. Quomodo vivere potes, ubi mori non audes?

B

Leur

Leur état ne differe gueres de celui d'un criminel condamné à la mort, qui toutes les fois qu'il voit ouvrir les portes de sa prison, craint qu'on vient pour le traîner au supplice; c'est précisement ce que fait la mort du corps à l'égard d'un pécheur impenitent. Elle ouvre les portes de sa prison, elle fait sortir son ame de son corps, comme d'un cachot, où elle a été renfermée, mais c'est pour lui faire souffrir le dernier suplice, qui est la mort éternelle.

Un bel esprit de ce Siecle a fort bien remarqué, que pour faire craindre la mort à un pécheur, il suffit de lui faire envisager un pécheur moribond au lit de la mort; & il s'est servi pour cet éfet des paroles de St. Bernard, qui tient ce langage au pécheur. ,,Ecoute malheureux, écoute, & sors de ce profond sommeil où le péché te ,,retient. L'heure est venuë qu'il te faudra lever du sein de la paresse, où tu és plûtôt ,,enseveli qu'endormi. Que la crainte pour le moins te réveille, si l'amour ne le fait ,,pas: car on te prépare une double croix, l'une du corps, l'autre de l'ame, dans ,,l'enfer. Pense donc aux tourmens qui vont te penetrer de douleur au moment de la ,,mort. La mort, dis-je, est cette croix horrible, vers laquelle tu te hâtes tous les jours ,,de courir, sans y faire attention. Considere de quelle maniere la mort te crucifie, les ,,jambes étenduës sur un lit, comme sur une croix, où un patient va être executé. ,,Les mains & les bras tombent de foiblesse, la poitrine, accablée sous le poids d'une ,,fluxion, qui l'étouffe, peut à peine respirer; la teste ne peut plus se soûtenir, les ,,levres se couvrent d'écume, les yeux s'obscurcissent, le visage est couvert d'une ,,sueur froide, & d'une pâleur mortelle; tout ce qui frappe les sens n'inspire que de ,,l'horreur. Cependant ce qui nous paroît au dehors n'est qu'une image legere de ce ,,que l'ame commence à éprouver au dedans. Elle envisage la necessité inévitable d'u-,,ne mort qui ne peut étre ni surmontée par la force, ni fléchie par les prieres, ni ,,touchée par les larmes, ni evitée par tous les remedes de la medecine. Elle la void ,,s'aprocher comme un criminel regarde dresser la potence, où il doit étre étranglé, ,,& l'échaffaut, où il doit étre rompu. Elle lit déja son jugement dans ces paroles, ,,que Balthasar, au milieu d'un superbe festin, lût écrites sur la muraille de son pa-,,lais. * *Mane, Thecel, Phares. Mane,* Dieu a compté les jours de ta vie, & ils sont ,,accomplis; *Thecel,* il t'a pesé dans la balance de sa justice, & il n'a point trouvé ,,le poids des bonnes œuvres; *Phares.* ton corps sera separé de ton ame en ce moment, ,,& ton ame de son Dieu pour l'éternité; & l'un & l'autre sera abandonné aux De-,,mons. C'est ainsi que cette ame void venir l'enfer à elle, avant qu'elle aille en en-,,fer.

Les quarante deux planches avec les explications, péuvent servir de beaucoup à inspirer cette crainte; particulierement quand on les considerera avec ces paroles de St. Bernard: Car quoi que le malade & le mourant qu'on y void, soit un juste, ou un pécheur qui devient juste par sa penitence, & par l'usage des saints Sacremens, & qu'ainsi on n'ait pas fait une representation, qui soit tout à fait conforme à l'idée que doivent donner ces paroles de St. Bernard, on ne laisse pas cependant d'y voir ce qu'il y a de commun entre la mort du juste, & la mort du pecheur. Tels sont pour exemple les traits de la mort, les attaques du Demon, les combats qu'on sent à cette sepation de l'ame d'avec le corps; Ce qui suffit du moins à donner bien de la frayeur:

&

Dan. v.
25.

& à faire faire ce raisonnement ; si la mort du juste, ou du pécheur converti, paroît si terrible, quelle doit étre la mort du pecheur impenitent ? Cette mort dis-je, dont le Prophete Roi a dit, *qu'elle est trés-méchante.* * Sur quoi St. Bernard fait encore cette remarque, † que la mort du pécheur est méchante, parce qu'elle l'arrache du monde auquel il est attaché ; elle est plus méchante, parce qu'elle le separe de sa chair, qu'il a criminellement aimée ; elle est tres-méchante, parce qu'elle l'expose à un double suplice que luy feront souffrir & le ver qui ne meurt * point & le feu qui ne s'éteint point. Que si le plus juste en considerant sa fin n'est pas exemt de toute crainte, en quel état se doit trouver le pécheur, quand il considere la sienne? Peut-il regarder sans horreur un passage qui le va jetter dans un abyme de malheurs ? Tout ce qu'il voit, tout ce qu'il entend, tout ce qu'il sent en soi-même, & tout ce qui l'environne ; le passé, le present & l'avenir, le temps & l'éternité, conspire à lui donner de la crainte.

pessima in vermis ignisque duplici contritione. * Marc. 9. 43.

*Margin: * Ps. 33. Mors peccatorum pessima. † Epist. 105. Vide unde pessima. quidem est in mundi amissiones peior in carnis separatione;*

SECTION V.

Fruit de cette crainte des pécheurs.

SI à cette crainte qui vient de l'état des pécheurs, on en joint une autre qui vient de la Sagesse de Dieu, il se trouvera qu'elle aura une fin toute contraire à celle dont elle sembloit les menacer. Cette seconde crainte dont nous allons parler, est celle qu'imprime la voix de Dieu qui leur crie avec un ton menaçant : † *Ne differez point à vous convertir au Seigneur, & ne remettez point de jour en jour: Car sa colere éclatera tout d'un coup, & il vous perdra au jour de la vengeance.* Je dis donc que si la crainte prepare le cœur à l'amour, il peut arriver qu'un pécheur penetré de cette crainte salutaire, commencera à aimer & à desirer une mort, qui est une veritable vie. * „ Je conviendrai avec St. Bernard, † qu'heureuse est la mort qui nous fera mourir au „ péché pour vivre à la justice; qu'il faut qu'une telle mort precede, afin que la mort „ du corps soit seure & tranquille. Il se dira à lui-même avec le mesme Saint, servez„ vous mon ame du peu de cette durée de vie, pour vous procurer celle qui dure toû„ jours. Tandis que vous vivez dans la chair, mourez au monde, afin qu'aprés la mort „ de la chair, l'esprit vive à Dieu & de Dieu.

C'est ainsi que parlent tous les Sts. Peres, c'est ainsi que parle la Sainte Ecriture, c'est ainsi que l'entendent les ames devotes. On dit d'un homme, qu'il est mort au monde ou à soi-même, qu'il n'est plus dans la chair mais dans l'esprit, quand il est comme insensible à tous les plaisirs criminels, où se plongent les enfans du siecle, quand il a mortifié toutes ses passions, & qu'il pratique tranquillement toutes les vertus; quand il a dépoüillé le vieil homme, & qu'il s'est revétu du nouveau; quand il

*Margin: † Ecclesiastiq. v. 8. 9. non tardes converti ad dominum, & ne differas de die in diem : subito enim venie tira illius & in tempore vindicta disperdet te. * Mors vitalis S. Max. Hom. 59. † Ep. 105. Bona mors si compara*

peccato moriaris, ut justitia vivas. hæc mors necesse est ut præcurrat, ut sequatur illa secura. In hac vita quamdiu durat, compara tibi illam quæ semper durat. Dum vivis in carne, morere mundo, ut post mortem carnis Deo vivere incipias.

                                      ne

ne pense non plus au monde, que si le monde étoit mort à son égard, comme il est mort à l'égard du monde, quand il ne vit plus de la vie de la nature, mais de la vie de la grace; quand son ame toute penetrée de Dieu n'a de commerce avec les sens corporels qu'autant qu'il est necessaire pour le soûtien de cette vie animale; & que s'élevant même au dessus de la raison humaine, elle n'a d'autre flambeau, elle ne suit d'autre guide que la lumiere surnaturelle de sa foi. Enfin un homme est mort au monde, quand il vit moins sur la terre que dans le Ciel.

Cette comparaison d'un homme parfaitement vertueux à l'état d'un mort est si juste, qu'on ne void gueres rien de plus ressemblant. Un corps separé de l'ame qui l'animoit, se laisse porter & traîner où l'on veut; il n'a ni parole, ni sentiment; il souffre sans resistance, tout ce qu'on lui fait. Ainsi un homme qui a une pieté solide & constante, se laisse conduire à la loy de Dieu sans aucune repugnance. Il n'a ni desirs, ni passions, ni volonté, ni d'autres mouvemens, que ceux que cette loy sainte a imprimé dans son ame. Il est insensible aux injures, & aux outrages, cela ne le touche non plus que s'il estoit mort; il soufre toutes choses avec soûmission & avec patience; le péché n'a aucune force dans son cœur, il n'en sent plus les traits, il est au dessus de ses atteintes; C'est un mort, avons nous dit, & *celui qui est mort*, dit l'Apostre, * *est justifié*, c'est à dire delivré, *du péché.*

Balaam avoit donc raison de souhaiter la mort des justes, & de dire: † *que mon ame meure de la mort des justes*; & le pécheur ne sauroit mieux faire que de l'imiter. Mais il ne doit pas se contenter de dire comme ce faux Prophete; que je meure de la mort des justes, il doit considerer encore, que le juste, selon St. Paul, n'est juste aux yeux de Dieu, que parce qu'il vit de la foi vivante & operante par la charité, qui le rend ami de Dieu, & ennemi, comme dit St. Pierre, de la corruption du siecle. Le vray moyen donc de mourir de la mort des justes, c'est de mourir comme eux à soy-même, & à tous les faux attraits de la chair & du monde, pour *mourir*, comme eux, *dans le Seigneur*, aprés avoir vêcu comme eux en Dieu, & de la vie de Dieu. St. Bernard étoit bien penetré de ce sentiment, lors qu'il disoit, ,, * fasse le Ciel ,, que je meure souvent de cette mort, afin que j'évite les piéges de la mort; afin que ,, je ne sente point les delices mortelles de mes sens, que je sois insensible au plaisir ,, de la volupté, à l'ardeur de l'avarice, à l'éguillon de l'impatience & de la colere, ,, aux langueurs des soins & des inquietudes de la terre. Heureuse mort, qui n'ôte ,, pas la vie, mais qui la change en une meilleure, qui ne precipite pas le corps dans ,, le tombeau, mais qui éleve l'ame vers le Ciel.

La régle que donne St. Augustin, qui est tres-connuë, mais qui est mal pratiquée, est tout-à-fait conforme aux paroles de St. Bernard. * *Voulez-vous bien mourir, vivez bien; celui qui vit bien ne peut mourir mal. La bonne mort est la recompense de la bonne vie.* Ainsi ne pas desirer la mort des justes est un grand aveuglement; & ne pas craindre cette mort, est une veritable vie.

**Rom. VI. 7. qui mortuus est, justificatus est a peccato.*

† Num. XXIII. 10. moriatur anima mea morte justorum.

**S. Bern. ubi supra. Utinam hac morte ego frequenter cadam, ut evadam laqueos mortis, ut non sentiam vitiæ luxuriantis mortifera blandimenta, ut obstupescam ad sensum libidinis, ad æstum avaritiæ, ad iracundiæ & impatientiæ stimulos, ad angores solicitudinum & molestias curarum.... bona mors quæ vitam non aufert, sed transfert in melius; bona quæ non corpus cadit sed anima sublevatur.*

† Vis bene mori? bene vive; non potest male mori, qui bene vixerit: bona mors vitæ bonæ merces.

SECTION VI.

Six raisons pour lesquelles on craint la mort naturelle , au lieu de desirer la mort des Justes, & les remedes contre ce desordre.

UN Poëte moderne a dit fort à propos.

> *Mors vitanda malo , Justo invitanda: malorum*
> *Ultimus est finis, vel sine fine malum.*

„ La mort est à craindre au méchant , mais elle est à desirer au Juste, parce qu'à „ l'un elle est la fin 'de tous ses maux , & à l'autre , elle est un mal sans fin. Cependant il est assez ordinaire, de voir des Justes qui craignent cette mort, qui leur est d'ailleurs si avantageuse ; & tout au contraire, on void souvent des méchans & des impies , qui bravent la mort , ou qui du moins font semblant de ne la pas craindre.

Nous allons voir maintenant les raisons de ce desordre, & quels sont les remedes qu'on y peut donner.

Je dis premierement qu'il y a des impies qui ne craignent pas la mort , & des Justes qui la craignent trop , parce que ni les uns , ni les autres n'y pensent pas assez Si les méchans y faisoient de serieuses reflexions, ils verroient les malheurs où la mort les va précipiter , & ils la craindroient comme la chose la plus terrible ; mais ils en detournent toutes leurs pensées ; semblables à ces malheureux , qui detournent leur veuë, & ferment volontairement leurs yeux pour ne pas voir le precipice où leur desespoir les jette. Si les Justes aussi pensoient bien à cette mort , qui leur doit procurer tant de bonheur, & tant de gloire ; au-lieu de la craindre le moins du monde, ils la desireroient avec ardeur, & ils diroient comme St. Paul, † *Je desire de déloger de ce Corps pour être avec Jesus-Christ , ce qui m'est beaucoup meilleur.* Cet oubli de la mort est d'autant plus surprenant que toutes les choses qui nous environnent, semblent nous en rafraîchir la memoire. Le lit est l'image du tombeau , & le sommeil, celle de la mort, comme les Philosophes & les Poëtes Payens l'ont reconnu ; Nous nous dé- „ pouillons tous les jours, dit Seneque, en nous mettant au lit , & la mort ne nous dé- „ pouille-t-elle pas de toutes choses ? Nôtre reveil, peut dire un Chrêtien , ne nous represente-t-il pas celui que causera le son de la trompette de l'Archange , qui fera lever tous les morts de leurs tombeaux ? Ne sommes nous pas en quelque façon nourris & revêtus de la mort , puis que la nourriture & le vêtement dont nous nous servons sont les dépoüilles des bêtes mortes ? Si on regarde la terre , ne devroit-on pas la considerer

† Ep. ad Philipp. I. 23.

Stulte quid est somnus gelida nisi mortis image?

B 3.

com+

comme le lieu de nôtre sepulchre ? Si nous levons les yeux vers le Ciel, ne devons nous pas nous souvenir que c'est là nôtre Patrie, le domicile qui nous attend, & où nous ne pouvons aller que par la mort ? En un mot toutes les Creatures perissables, les revolutions des tems & des saisons, les conditions même differentes de la vie nous doivent faire une leçon continuelle de la mort.

Si nous ajoûtons à tout cela la consideration des 42. Planches de cet Ouvrage, elles pourront servir de beaucoup à fortifier ces reflexions, & seront d'un grand usage à toutes sortes de personnes. Elles inspireront aux méchans une juste frayeur des peines qui les attendent, s'ils ne les previennent bien-tôt par une veritable penitence, & par un serieux amendement. Elles renouvelleront dans l'Esprit des Justes les idées agréables de leur bonheur, dont leur foi leur a fait sentir les avangouts, & dont le comble leur est reservé aprés leur mort. *Mors & amara malo, dulcis & ipsa bono.* Les courtes explications qu'on a joint à chaque Planche, serviront à découvrir la verité de ce passage de l'Ecriture Ste. * *O mort que ton souvenir est amer à un homme qui vit en paix au milieu de ses biens.* Tel est ordinairement le méchant. *O mort que ta sentence est douce à un homme pauvre.* Tel est ordinairement le Juste.

La seconde raison qui fait que si peu de gens craignent la mort c'est qu'ils la croyent toûjours fort éloignée; ils ne la regardent qu'en perspective, si j'ose parler ainsi, & ils vivent comme s'ils ne devoient point mourir. Ainsi la mort les surprend en quelque tems qu'elle arrive, parce qu'ils ne pensent jamais serieusement qu'ils sont mortels. Et comme on est plus vivement touché des accidens impreveus que de ceux ausquels on s'est preparé, de là vient que cette sorte de gens tremblent d'horreur aux premieres aproches de la mort. †

Pour remédier à ce mal, & pour nous guerir de cette fausse opinion, que nôtre vie doit être longue, & que la mort est bien éloignée, l'Ecriture nous parle de nôtre vie, comme d'un torrent, d'une nuée, d'une vapeur, d'un vent, d'une ombre & d'un songe. Les Payens mêmes se sont servis de ce remede, quand ils ont consideré, que le premier moment de nôtre vie, est le premier moment de nôtre mort, qu'en commençant à vivre on commençoit à mourir, que vivre c'est mourir continuellement, & qu'on appelle mort le dernier moment qui finit en même tems nôtre mort & nôtre vie. * Le Grand Pape St. Gregoire a aussi préché cette verité, lors qu'il dit dans son Homelie dix-septiéme sur les Evangiles: *Ipse quotidianus defectus corruptionis, quid est aiud quam quædam prolixitas mortis?* ,, L'épuisement qui se fait tous les jours de l'homme corrompu, qu'est-il autre chose sinon une mort continuelle?

Disons en troisiéme lieu, que pendant qu'on a grand soin de se munir contre les causes secondes qui produisent la mort, on neglige d'élever ses yeux & ses pensées jusqu'à la cause premiere, qui l'a determinée. On ne considere pas que ce qui est un accident & un cas fortuit pour nous, est à l'égard de Dieu l'éfet de son decret éternel. Nous disons tous les jours, *fiat voluntas tua sicut in Cælo & in terra,* que vôtre volonté soit faite sur la terre comme au ciel; & nous ne considerons pas que c'en est une suite necessaire de recevoir la mort de sa main, sans qu'il sorte de nôtre bouche aucune parole de murmure, ou de desespoir. †

Marginal notes (left column):

*Ecclesiastiq. I. 2. 3. *O mors quàm amara est memoria tua homini pacem habenti in substantiis suis! ... O mors bonum est judicium tuum homini indigenti.*

† Voyez les Planches 1. 2. 3. &c.

*Seneca Epist 24. *Non repente in mortem incidimus. Quotidie morimur, quotidie enim demitur aliqua pars vitæ, & tunc quoque cum crescimus, vita decrescit. Quemadmodum clepsydram non extremum stillicidium exhaurit, sed quidquid ante defluxit: sic ultima hora qua esse desinimus non sola mortem facit, sed sola consummat. Item illa mors quæ nos rapit, ipsarum mortium est ultima.* † Voyez la Planche 24. & 29.

Le remede contre ce defordre, c'eft de confiderer fouvent que Dieu a ordonné le temps & la maniere de nôtre mort, & de lui dire ces mots du faint homme Job, * *les jours de l'homme font courts; le nombre de fes mois & de fes années eft entre vos mains vous avez marqué les bornes de fa vie, qu'il ne peut paffer.* Il eft bon encore de fe dire fouvent à foy-même, ces paroles de la mere de Samuel : † *C'eft le Seigneur qui ôte & qui donne la vie.*

La quatriéme caufe vient de ce que nous fommes trop attachez à la terre & aux créatures fenfibles : Ce qui fait que nous craignons que la mort vienne nous en feparer, & quand elle vient, nous ne pouvons nous refoudre à cette feparation, fans nous en plaindre comme ce Roi, qui s'écrioit au dernier moment de fa vie, * *faut-il qu'une mort amere me fepare ainfi de tout ce que j'ayme?*

Le feul remede qu'on peut trouver à ce mal c'eft de détacher fon cœur du monde; ce qui fe peut faire fans en fortir, puis qu'il fuffit de faire fortir le monde de chez nous, & de bannir l'amour du monde du fond de nôtre cœur pour pouvoir dire avec l'Apôtre, † *le monde eft mort & crucifié pour moi, comme je fuis mort & crucifié pour le monde.* Car fi la mort fe prefente à celui qui a ces veritez profondement imprimées dans fon efprit, & qui fent ces difpofitions dans fon cœur, bien loin de l'apprehender, il la fuivra avec joye, comme St. Pierre fuivit l'Ange au fortir de la prifon. §

Cinquiémement, nous ne confiderons pas affez en Dieu la qualité de pere debonnaire & mifericordieux, au lieu qu'on s'attache trop à l'idée que nous en avons d'un juge fevere & rigoureux : Ainfi la feule penfée de la mort nous fait trembler, parce que nous la regardons comme l'huiffier qui nous conduit au pied du tribunal de la juftice Divine, & qui nous cite à comparoître devant un juge inexorable. Il faut confiderer contre ce défaut que nous étions veritablement autrefois des enfans de colere, † mais que Dieu nous a maintenant adoptez par fon fils, & nous regarde comme fes enfans. Il a répandu dans nos cœurs fon St. Efprit, qui nous le fait appeller nôtre pere; ainfi nous fommes fes fils. † Si Dieu eft un maître plein de puiffance & de majefté; il eft auffi un pere plein de tendreffe & d'amour; s'il eft jufte, il eft auffi mifericordieux. Si nous avons des péchez, nous avons auffi un Sauveur, qui les a expiés par fa mort. S'ils nous ont rendus dignes de l'enfer, il nous a merité le Ciel. *

En fixiéme lieu nous ne penfons qu'aux biens, & aux plaifirs que la mort nous ravit, & nous ne penfons pas aux miferes dont elle nous delivre, ni à la felicité éternelle où elle nous fait entrer. Nous ne faifons pas reflexion, que fans toucher à ce qui eft effentiel à nôtre nature, elle ne fait que nous dépoüiller de nôtre propre corruption, & de ces reftes du péché dont on ne peut fe défaire que par la mort. Nous ne confiderons pas que la mort eft plûtôt la mort du péché, de la concupifcence, des paffions rebelles, de la mortalité, & de la corruptibilité, que la mort de l'homme.

Pour remedier à ce mal, il eft bon de confiderer avec un trés-habile Ecrivain de ce fiecle, qu'il y a de certains tableaux à deux faces, dont l'une paroît afreufe & l'au-

---

†I. Joan. III. 2. *Chariffimi nunc filii Dei fumus.* Voyez la planche. 30. & les fuivantes.

Marginal notes:

* Job. XIV. 5t. *Brevs dies hominis funt, numerus menfium ejus apud te eft: conftituifti terminos ejus qui præteriri non poterunt.*

†I. Reg. II. 6. *Dominus mortificat & vivificat.*

I. Reg. XV. 32. Et dixit Agag: ficcine feparat amara mors? Voyez la fig. 29.

† ad Gal. VI. 14. *mihi mundus crucifixus eft & ego mundo.*

§ Act. XII. 9.

†Ephef. II. 3. *Eramus natura filii iræ.*

* ad Rom. VIII. 15. *Accepiftis fpiritum adoptionis filiorum in quo clamamus Abba pater.*

tre agreable, & que c'est là precisément l'emblême de la mort. Elle nous donne de l'éfroy, quand on nous la montre avec un visage afreux, un corps décharné, une faux à la main, † qui moissonne nos biens, nos esperances & nôtre vie: mais on doit concevoir du plaisir & de la joye, quand elle se presente comme une puissante liberatrice, qui détache nos liens, rompt nos chaînes, § & éleve nôtre ame au comble de la felicité. Et cette veuë ne doit pas seulement nous consoler contre les frayeurs de la mort, mais elle doit nous faire trouver la consolation dans la mort même: à peu prés comme Samson qui tira un miel delicieux de la charogne d'un lion qu'il avoit tué; ce qui lui donna lieu de proposer cette enigme, qui se peut appliquer tres-justement à la mort, *La viande est sortie de celui qui devoroit,* & *la douceur du fort.*

Considerons encore ce que dit l'Ecclesiaste, * que *le jour de la mort est préferable au jour de la naissance:* Car si la naissance nous fait verser des larmes, la mort les essuye; si la naissance est accompagnée de nos cris & de nos gemissemens, la mort leur impose silence; si la vie est une chaîne de miseres, la mort en rompt le dernier chaînon, si c'est une guerre continuelle sur la terre, † la mort nous donne la paix. Pourquoi donc craindre la mort comme un mal, puis qu'elle est un remede à tous nos maux? Elle n'étoit pas necessaire, dit St. Ambroise, à l'homme innocent, parmi l'abondance de tous les biens dans le paradis terrestre; mais l'homme ayant été condamné au travail, & à la douleur par son péché, & ayant commencé à mener une vie miserable, on a dû mettre fin à ses maux, afin que la mort lui rendît le repos qu'il ne pouvoit plus trouver dans la vie.

Ne se moqueroit-on pas d'un artisan, qui s'affligeroit de voir aprocher le jour qui doit mettre fin à son penible travail? D'un voyageur qui se plaindroit de voir la fin d'un long & perilleux voyage? D'un pilote qui témoigneroit de la douleur quand on lui montreroit le port? Disons plûtôt avec le Prophete Jonas * *la mort m'est plus avantageuse que la vie:* avec le Prophete Elie, † *c'est assez, ô Seigneur prenez maintenant mon ame,* & avec le Prophete David, * *retirez mon ame de la prison de ce corps, afin que je louë vostre nom, voilà que les esprits des justes m'attendent, afin que vous me fassiez participer à leur bonheur.*

Concluons donc que si la mort est à craindre, elle ne l'est que pour les méchans, puis qu'elle est à leur égard la porte de l'enfer, & le commencement du malheur qui les y attend. Au lieu qu'elle est aux justes la porte du Ciel, le commencement de leur felicité, & la fin de toutes leurs peines: Elle leur épargne la veuë d'une infinité de crimes qui se commettent dans le monde & qui les jettent dans la derniere affliction. Elle leur ôte de devant leurs yeux mille ordures où l'on se plonge, qui pourroient peut-étre les infecter, & quand ils seroient aussi purs que David même, les faire tomber de l'état de justice & de grace, dans un état de crime & de condamnation. Enfin la mort fait cesser tous leurs pechez veniels, qui se multiplient tant que dure la vie, * & les met dans cet état de perfection dont jouissent les bienheureux & les Anges dans le ciel.

† Voyez les plan-ches A. & B. § Voyez la plan-che. C.

* Cap. VII. 2. Melior est dies mortis die nativitatis. † Job. VII. I. Lib. 2. de fide resurrect.

*Cap. IV. 3. Melior est mihi mors quam vita. † 3. Reg. XIX. 4. Sufficit mihi domine tolle animam meam. * pf. CXLI. 8. Educ de custodia animam meam ad confitendum nomini tuo:

me expectant justi donec retribuas mihi. † Invenimus mortem finem esse peccati, ne quo esset vita diuturnior, si fieret culpa numerosior. Ambr. l. de bono mortis cap. 4.

Si quelque malade reçoit avec plaisir la mort qui met fin à ses douleurs, avec combien plus de joye devons nous embrasser la mort qui met fin à la plus dangereuse de nos maladies, & qui cause de si vives douleurs aux fidelles, je veux dire le peché ; qui éteint pour jamais le feu de la concupiscence, fait perir nos passions, détruit le vieil homme, abolit le reste de nôtre corruption, & qui est en même temps la vie & la resurrection des vertus. §

S'il y a quelque chose qui rende la mort terrible, c'est le peché. Fuyons le donc, comme l'unique mal que nous devons craindre. Pensons à nôtre fin & nous ne pécherons jamais. † Si une maladie nous reduit au lit, si elle nous met en danger de perdre la vie, faisons tout ce qui nous est representé par les figures suivantes. Il n'y en a pas une où il n'y ait des Anges, pour nous marquer que si nous ouvrons les yeux de nôtre foi, nous nous verrons toûjours environnés de ces Esprits saints, & entre les bras de Jesus-Christ même, qui est representé dans chaque petit tableau. Considerons le comme le pere des Misericordes *, qui ne veut point la mort du pecheur mais qu'il se convertisse † & qu'il vive; qui meurt pour nous ôter les frayeurs de la mort, & pour nous ouvrir le vray chemin qui mene à la vie ; qui a fait changer la mort de nature depuis qu'il l'a vaincuë sur la croix. Dés lors elle est devenuë pour les Justes & pour les vrais penitens, la porte du Ciel, l'entrée du Paradis, le jour de leur victoire & de leur triomphe & le passage à la glorieuse immortalité. Souffrons qu'elle nous dépouille de ce corps infirme, pour nous revêtir un jour d'un corps immortel; qu'elle prive l'ame d'une maison de terre & de bouë, qui se reduit en poussiere, pour la faire passer dans les tabernacles éternels. Souvenons nous que ce qui tombe par la mort, se relevera par la resurrection, & qu'aprés avoir été la demeure des vers, il deviendra le temple éternel du Dieu vivant.

„ Que celui-là seulement craigne de mourir, dit Saint Cyprien, qui n'ayant point „ été regeneré par l'eau & par le St. Esprit, est destiné aux flammes de l'enfer. Que celui-„ là craigne de mourir, qui n'a point de part à la croix & aux souffrances de Jesus-„ Christ. Que celui-là craigne de mourir qui de cette mort doit passer à la mort se-„ conde. Que celui-là craigne de mourir, qui au sortir de ce monde doit „ être tourmenté par un feu qui ne s'éteindra jamais. Que celui-là craigne de mourir, „ à qui une vie prolongée est un delay de ses peines, & un retardement de ses sup-„ plices. Car celui-là seulement doit desirer de demeurer long-tems dans le monde, „ qui aime le monde, qui en fait le sujet de sa joye, & qu'un siecle flatteur & trom-„ peur engage à s'y attacher par les charmes de ses delices charnelles. Mais s'il est „ vray que le monde n'a que de la haine pour un veritable Chrêtien, pourquoi aimer „ celui qui vous haït comme il a haï Jesus-Christ ? pourquoi ne pas aller plûtôt aprés „ ce Seigneur qui vous a racheté, qui vous aime, & qui vous a aimé de toute é-„ ternité, & pour toute l'éternité ? *

Mori planè timeat, sed qui ex aqua & spiritu non renatus, gehennæ ignibus mancipatur. Mori timeat qui non Christi cruce & passione censetur. Mori timeat qui ad secundam mortem de hac morte transibit. Mori timeat quem de sæculo recedentem, perennibus pœnis æterna flamma torquebit. Mori timeat cui hoc mora longiore confertur, ut cruciatus eius & gemitus interim differatur. Et infra. Eius est in mundo dici velle manere, quem mundus oblectat, quem sæculum blandiens atque decipiens illecebris terrenæ voluptatis invitat. Porro cum mundus oderit Christianum, quid amas eum qui te odit, & non potius sequeris Christum qui te & redemit & diligit ?

PRIE-

§ *Quid est mors nisi sepultura vitiorum, virtutum suscitatio?* Ambr. ibid.
† *In omnibus operibus tuis memorare novissima tua, &* in æternum non peccabis.. Eccl. VII. 40.
* II. ad Cor. I. 3. *Pater misericordiarum.* * Ezech. XXII.11.
† *præstitisti mihi ne mortem timerem.* Ambr. lib. de fide resur:
* S. Cyprianus de mortalit.

PRIERE POUR SE PREPARER A LA MORT.

ADorable JESUS, arbitre de mon sort,
Vous qui devez un jour être un Juge inflexible :
Je revere en esprit ce Tribunal terrible
Où je dois comparoître à l'instant de la mort.
J'en accepte le lieu, le tems, les circonstances,
  Je renonce aux impatiences
Que pourroit malgré moy m'arracher la douleur,
Seigneur, secourez moy contre mon adversaire,
  Penetrez ma chair & mon cœur.
  De vostre crainte salutaire ;
Ne vous souvenez plus de mes iniquitez,
  Oubliez mes delicatesses,
  Je rougis de tant de foiblesses,
  Et de tant d'infidelitez.
Agréez, s'il vous plait, la promesse sincere
  Que j'ose maintenant vous faire,
  De vous servir fidelement,
Que de mon propre amour, mon cœur soit toûjours vuide,
Que le vôtre, Seigneur, soit icy bas mon guide,
  Et me remplisse uniquement.

Par M. N. N.

MAXIMES SUR LA MORT.

ON ne meurt qu'une fois : de cette unique mort
  Dépend à jamais nôtre sort ;
  C'est un difficile passage,
Qui fut aux plus grands Saints un objet de frayeur :
Faisons-en donc, Chrêtiens, un long apprentissage,
Et mourons chaque jour & d'esprit & de cœur.

Par le même.

Statutum eſt hominibus ſemel mori. ad Hebr. IX. 27.

Il eſt arrêté que les hommes meurent une fois.

LE Peintre pour commencer à nous faire voir ſon deſſein ſur les repreſentations des aproches de la mort, nous la peint ici avec un art merveilleux, accompagnée de tout ce qu'il a jugé de plus propre à nous mettre devant les yeux ce que l'Ecriture dit de la mort, & ce que les auteurs profanes en ont enſeigné au milieu des tenebres de leur Paganiſme.

Elle tient une faucille à la main, pour nous marquer qu'elle n'épargne aucun homme; & qu'elle emporte ſans diſtinction toute ſorte de perſonnes de tout âge, de tout ſexe, & de toute condition; comme la faucille coupe indifferemment toutes les herbes par où elle paſſe. C'eſt ce qu'*Horace* a voulu ſignifier en ce peu de mots:

Pallida mors æquo pulſat pede pauperum tabernas
    Regumque turres,

Lib. 1.
Od. 4.

„ La mort renverſe également les Palais des Rois & les cabanes des pau-
„ vres.

Il exprime ailleurs la même penſée en d'autre termes:

——————— *æqua tellus*
Pauperi recluditur
Regumque pueris. ——

Lib. Od.
2. 18.

„ La terre, qui eſt la même pour tout le monde, s'ouvre également pour le pau-
„ vre & pour les enfans des Rois.

Omnes eodem cogimur : omnium
Verſatur urna ;

Lib. 2.
Od. 3.

„ Nous ſerons tous conduits en un même lieu, & de l'Urne, que l'on remuë con-
„ tinuellement, ſortira tôt ou tard ce ſort fatal.

Virgile l'a dit auſſi d'une maniere trés-élegante.

Stat ſua cuique dies, breve & irreparabile tempus
    Omnibus eſt vitæ. ——

„ Le dernier jour eſt marqué à tous les hommes, & le petit eſpace de temps qu'ils
„ ont à vivre, eſt un tems irreparable.

Lib. 10.
Æneid

Ovide exprime la même choſe en ces termes.

Scilicet omne ſacrum mors importuna prophanat;
    Omnibus obſcuras injicit illa manus.

„ La mort importune ne reſpecte pas les choſes les plus ſacrées; perſonne n'échape
„ de ſes mains.

Lib. 3.
Eleg.

C 2

Fata

Fata manent omnes.
Tendimus huc omnes : metam properamus ad unam :
Omnia sub leges mors vocat atra suas.

„ La mort nous attend tous. Nous courons tous à la mort comme à la même fin.
„ Elle range tout sous ses loix.
Seneque le tragique a dit à peu prés la même chose.

——————Tibi mors paramur :
Sis licet segnis, properamus ipsi.

„ On nous prepare pour vous , ô mort ; quoi que vous tardiez à venir , nous
„ nous aprochons de vous.
Martial n'a pas oublié la même pensée dans ses Epigrammes.

Nullo fata loco possis excludere.

„ Il n'est point de lieu qui nous puisse mettre à couvert des traits de la mort.
Properce a paru animé d'un mesme esprit quand il dit.

Longius aut propius mors sua quemque manet.

„ La mort nous attend , tôt ou tard il y faut venir.
Enfin *Claudien* dit tout en trois mots :

Omnia mors æquat.

„ La mort égale toutes choses.
Toutes ces sentences que je viens de rapporter, & plusieurs autres de cette nature,
dont les ouvrages des Payens sont tous remplis , devroient faire rougir la pluspart
de nos Chrêtiens d'aujourd'huy , qui ne pensent jamais à la mort , qui n'en veulent
point oui parler, & qui rompent la conversation , dés qu'on les veut entretenir d'une
matiere si triste. Cependant cette mort que les hommes éloignent de leur esprit, & de
leurs entretiens , & qu'ils voudroient bannir du monde, se fait faire place malgré qu'on
en ait , il n'est point de barriere qui l'arrête , ni d'obstacles à travers lesquels elle ne se
fasse un passage. Nous le voyons clairement dans cet embléme , où elle se sert de
sa faucille pour forcer la porte d'un Palais , & le batoir qu'elle leve de sa main gauche,
est plein de significations Poëtiques.

Il est orné de deux aîles : l'une est d'un oiseau , & l'autre d'une chauve-souris ; pour
marquer que la mort vient également de jour & de nuit , & avec cette promptitude qui
nous est marquée par ces deux aîles. On void au milieu un sable qui coulant jusqu'à
la fin sans discontinuer , nous avertit que la vie est une mort continuelle ; *Morientes*
nascimur, dit St. Jerome : *nous naissons en mourant,* comme nous mourons en naissant.
Seneque le Philosophe ne l'a pas ignoré ; lors qu'il dit que nous mourons tous les
jours ; ce que Seneque le Tragique exprime dans ces vers :

Prima quæ vitam dedit hora , Carpsit.

Le premier moment de la vie
Nous en ravit une partie.

Perse a dit la même chose dans ce vers :

Vive memor Lethi : fugit hora ; hoc, quod loquor , inde est.

„ La mort aproche , pensez y , le tems s'écoule ; le moment auquel je parle n'est déja
„ plus.

Enfin

Enfin cette verité si bien connuë des Payens mêmes, est confirrmée par le témoignage d'un grand Apôtre; * *Quotidie morior.* Il n'y a point de jour que je ne meure.   * I. Ad

Le Peintre nous fait voir encore ici la mort foulant à ses pieds les sceptres & les Cor. couronnes, les armes, les richesses, les pierreries, les casques, les drapeaux, les XV. 31. chaînes, les livres, les instrumens de musique, & tout ce que les hommes ont pû inventer ou pour le plaisir, ou pour la commodité, ou pour le soûtien de la vie. Voila justement ce que fait la mort. Elle brise tout d'un coup, & reduit en poussiere ce qu'on a veu de plus riche & de plus pompeux, elle n'a pas plus d'égards pour les têtes couronnées que pour les derniers des hommes: *Mors sceptra ligonibus æquat*, dit le Poëte. *Sceptres, houlettes, tout lui est égal.* Elle ne connoît point ces differences qui sont si considerables parmi les hommes. Elle confond tout pêle-mêle sans distinction; semblable à cette pierre * dont il est parlé dans le livre de Daniel, qui mit en pieces cette ma- * Dan. gnifique statuë que Dieu fit voir en songe à Nabuchodonosor, confondant ensem- II. 53. ble l'or, l'argent, l'airain, le fer, & l'argile.

Elle a auprés de soy des cyprés, qui expriment bien cette belle pensée d'Horace.

> *Neque harum, quas colis, arborum*   Lib. 2.
> *Te præter invisas cupressos*   14. Od.
> *Ulla brevem dominum sequetur.*

„ Et de tous ces arbres que vous cultivez avec tant de soin, le funeste * cyprés * On „ vous suivra seul, vous qui en avez été le maître si peu de tems.   s'en fer-

Enfin on void dans le fond du Tableau une representation du Paradis, & une devoit l'Enfer; pour dire que la mort est la porte qui conduit à l'un ou à l'autre, selon qu'on aux fu- aura bien ou mal vêcu. L'entrée de l'Enfer paroît fort agreable. On y va en badi- nerail- nant, & en s'abandonnant à tous les plaisirs de la vie. C'est un chemin battu, large, les. uni; comme le fils de Dieu l'a dit; la plus grande partie du monde passe par là. Au-lieu que celui du Paradis est étroit, raboteux, rude, escarpé, tout embarrassé de ronces & d'épines. On y marche sous la conduite d'un Ange accompagné de la Croix; Matt. mais trés peu en prennent la route. Et comme *la Concupiscence & le Monde* sont gra- VII. vez sur l'entrée de l'Enfer, on a mis un Triangle rayonné sur celle Paradis, un œil & un ser pent en cercle pour signifier la Trinité, la Providence, & l'Eternité.

Enfin l'imagination du Peintre a placé au Piedestal, d'un côté des vers des Serpens, pour nous faire souvenir qu'ils seront bientôt en possession de ce corps, que nous traitons avec tant de delicatesse, & dont nous prenons tant de soin, au préjudice de nos ames. Il a formé de l'autre côté un Embléme, dont le sens est si clair, qu'il seroit inutile d'en donner l'explication. Il y a au milieu un bas relief, où des gens de toutes sortes de conditions paroissent touchez à la veuë d'un corps mort. C'est pour nous aprendre qu'un si triste objet est une leçon pour tous les hommes, qui leur doit faire reconnoî-tre leur neant, & les faire penser serieusement à la mort, qui les reduira bientôt dans ce même état. Enfin la consternation où l'on void toutes ces personnes dans cette premiere Estampe, nous marque bien naïvement la disposition où l'on doit être, pour profiter de tout ce qui a été déja representé, & qui le sera dans la suite, sur le sujet de la mort.

On y verra de petits tableaux des actions & de la passion du fils de Dieu, avec des

C 3   re-

reflexions toutes Chrêtiennes, qui furpaffent d'autant plus les plus belles penfées des Payens, que l'Evangile eft au deffus de leur Philofophie, & les écrits des Saints Peres au deffus des Poëmes que leurs Poëtes nous ont laiffez.

Ce fera de ces fources pures, qu'on tirera la morale, qui fera le fujet des confiderations fuivantes: & fi l'on y mêle quelquefois les penfées des Payens, ce n'eft qu'en veuë de faire honte à quelques Chrêtiens, qui profeffent ouvertement une Morale fi relâchée, qu'on peut dire, fans leur faire tort, qu'elle n'eft pas auffi pure, que l'étoit celle d'Horace, de Seneque, & de Ciceron.

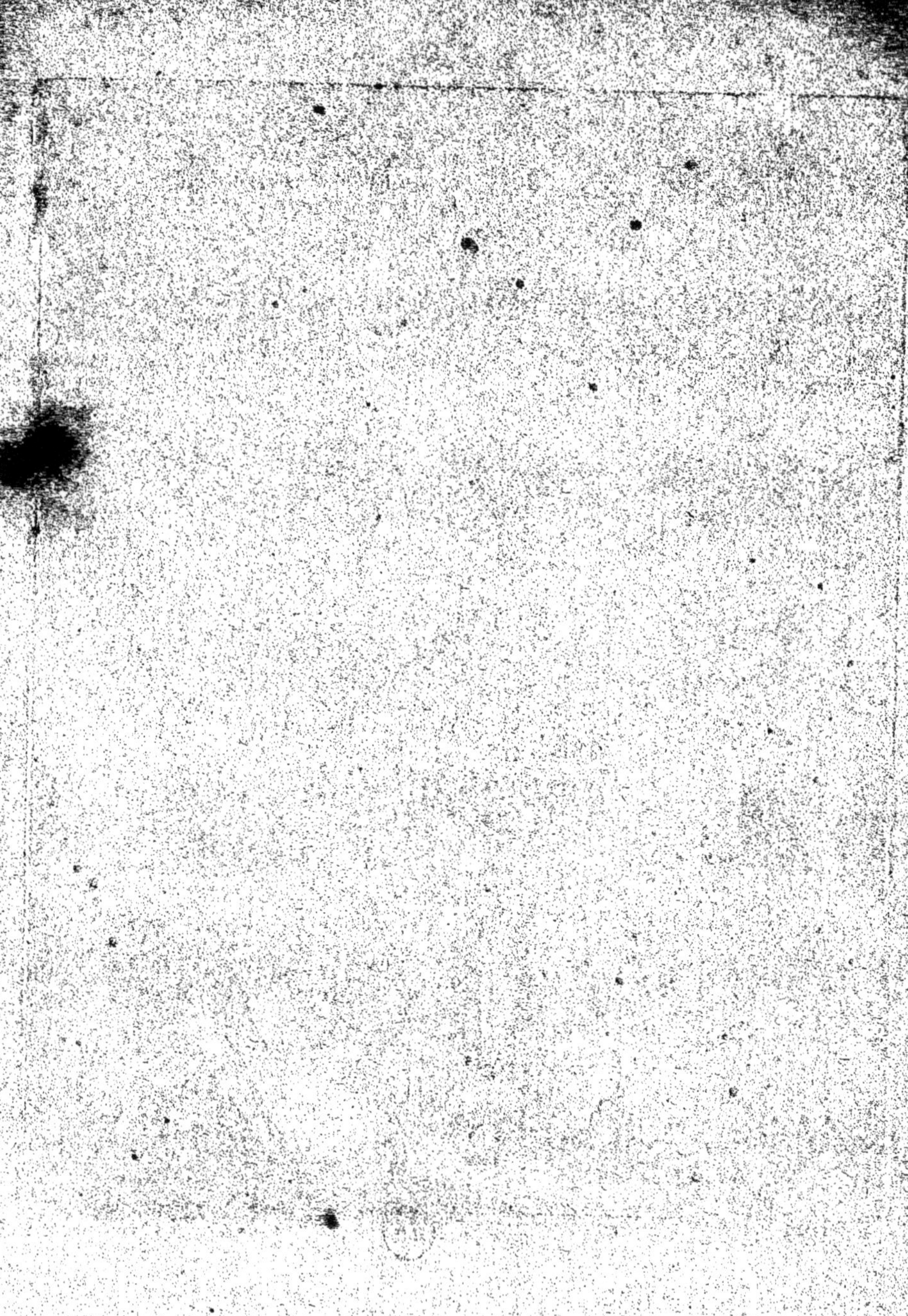

B.R

Ecce afcendimus Jerofolymam, & filius hominis tradetur....... & condemnabunt eum morte.
Matt XX. 18.

Nous allons à Jerufalem, & le fils de l'homme fera livré....... & condamné à la mort.

C'EST le Fils de Dieu, qui adreffe ces paroles à fes Difciples. Il eft reprefenté dans le petit tableau, que les Anges portent du ciel, pour fervir de leçon à un homme, dont tous les traits du vifage, & tous les mouvemens du corps font voir qu'il eft attaqué d'un accez de fiévre. On fe hâte de preparer fon lit; on s'empreffe à le deshabiller. Ses amis fe retirent, pour le laiffer repofer, & alors fon Ange luy vient dire, qu'il eft tems de jetter les yeux fur ce tableau. L'Ange luy marque du doigt les chofes aufquelles il doit faire attention, & voici la reflexion qu'il peut faire là deffus.

Jefus a toûjours été occupé de fes fouffrances & de fa mort, non par une impatience inquiete, ni par le defir de les éviter, mais par un faint empreffement de travailler à nôtre falut, d'honorer fon Pere par fon facrifice, & pour y difpofer fes Difciples. Une telle fituation d'efprit dans une telle veuë & dans de pareilles circonftances, ne peut être que d'un homme Dieu. Cependant il veut que nous foyons fes imitateurs, & que dés que nous fentirons approcher la mort, nous entrions dans une difpofition femblable à la fienne. C'a été la penfée de St. Jerome, fur ces paroles de Jefus-Chrift, que nous venons de citer. S'il les a dites en effet à fes Difciples pour les preparer à fa mort, felon le fentiment de ce St. Pere, pourquoi ne croirons-nous pas auffi qu'il les a prononcées pour nous preparer à la nôtre? fur tout on doit fe les apliquer, quand on fe fent attaqué d'une dangereufe maladie, qui eft comme un avertiffement que Dieu nous donne, pour nous difpofer à la mort. Le foin d'un Ange ne paroît pas inutile pour nous animer à ce paffage fi fâcheux à la nature humaine. Le Fils de Dieu lui-même a eu befoin d'un Ange pour le fortifier dans fon agonie. Il étoit à la veille de ce grand combat, quand il dit à fes difciples: *nous allons à Jerufalem, & le Fils de l'homme fera livré.... & condamné à la mort.* Difons donc, que ce malade qui nous eft ici reprefenté, ne peut mieux faire que de mediter ces paroles, felon l'avis que lui en donne fon Ange Gardien.

  Sciens Jesus quia venit hora, ut transeat ex hoc mundo ad patrem .... *cæpit
lavare pedes Discipulorum.* Joann. XIII. 1. & 5.

Jesus sachant que son heure étoit venuë de passer de ce monde à son Pere .....
il commença de laver les pieds de ses disciples.

ON void ici deux Medecins qui ne sont pas tout-à-fait d'accord entre eux; le Medecin
de l'ame & celui du corps : ce dernier voudroit commencer par des remedes corporels pour soulager le malade; & le premier qui est le pere Confesseur, dit au Medecin,
qu'avant que de travailler à rétablir la santé du corps, il faut songer à celle de l'ame & la purger
des ordures qui pourroient avoir attiré la maladie, comme une juste punition du Ciel. Pour
cet effet l'Ange fait considerer au malade, ce que fit le Fils de Dieu au commencement de sa
passion, qui étoit comme la maladie qui le devoit mener à la mort. Il n'avoit rien en sa personne qui eut besoin d'être nettoyé, étant l'innocent & le juste, ou plûtôt la justice & l'innocence même. Mais étant venu sur la terre pour nous laver de nos pechez il en voulut
donner une preuve en lavant les pieds de ses Disciples. Et comme de toutes les actions du sauveur il n'y en a point, où il ait fait paroître une plus grande humilité, il a voulu par
la nous faire entendre que c'est en s'abaissant jusques à nous, & en prenant *la forme d'un
serviteur*, qu'il a voulu faire l'expiation de nos pechez. Son dessein a été aussi de nous
donner un exemple de la plus profonde humilité; Mais ce qu'il faut ici remarquer princi-
palement, est la circonstance du tems, que Jesus-Christ a voulu choisir, pour donner à ses
Disciples ce grand exemple d'humilité; ce fut sur le point de son départ de ce monde. Cette
vertu est toûjours necessaire au Chrétien, mais plus que jamais quand il est malade, & que
l'heure de son delogement aproche; c'est le tems plus que jamais de se laver; de purifier
son ame, & le vray moyen de s'y disposer est de s'humilier & de commencer à se laver dans les
larmes d'une sincere repentance. Mais parce que nôtre humilité est toûjours fort imparfaite,
& qu'il y a toûjours dans nôtre Cœur quelques semences d'orgueil, nôtre Seigneur nous
donne ici de cette vertu un exemple parfaitement accompli dans toutes ses circonstances.
Il est le maître du monde, & il fait l'office du plus chetif serviteur, il est servi; il est adoré
par les Anges; & il sert, il lave les pieds de ses Disciples, des gens sans nom, sans naissance,
méprisez de tout le monde. Personne ne lui aide dans un service si bas, il quitte lui même
sa robbe, il prend un linge; & celui dont le Ciel est le trône & la terre le marche pied de ses
pieds, est aux pieds de douze pauvres pecheurs, pour leur rendre un service qui n'appar-
tient qu'aux esclaves. Mais quelque profonde que soit cette humiliation du sauveur qui paroît aux yeux du corps, elle n'est que l'ombre d'une autre qui ne se void que des yeux de
l'ame, & que l'écriture appelle un *aneantissement*. C'est de Jesus dans l'état où il nous est
ici representé, qu'il faut apprendre à se purifier dés le commencement de la maladie, par
l'humiliation & par les larmes de la penitence, pour se preparer à la mort.

Dixit Petrus Jefus : non lavabis mihi pedes in æternum. Respondit ei Jefus: si non lave- Pour la
rote, non habebis partem mecùm Joann. XIII. 8. fig. 3.

Pierre dit à Jefus ; jamais vous ne me laverez les pieds. Jefus lui répondit, fi
je ne vous lave, vous n'aurez point de part avec moi.

VOici encore une nouvelle difpute. Le compagnon du Pere Confeffeur n'eft pas
d'accord avec la femme du malade. Elle croit que la maladie de fon mari n'eft pas fi
dangereufe qu'elle doive l'obliger à fe confeffer, & le bon Réligieux foûtient au
contraire la neceffité de la Confeffion. La femme qui ne fonge qu'à la vie de fon cher
mari, regarde cette confeffion qu'on lui propofe comme un préfage de fa mort, &
par une foibleffe affez ordinaire à celles de fon fexe, comme une chofe qui la doit
anticiper. Cependant le Confeffeur tâche de perfuader au malade qu'il faut neceffairement
qu'il fe confeffe, s'il veut avoir l'abfolution de fes pechez, fans laquelle il n'y auroit
point de falut pour lui. L'Ange d'un autre côté lui en montre le motif, en marquant
dans le petit tableau, comment Jefus vient à Simon Pierre, à deffein de lui laver les
pieds : Et parce que Pierre s'opofoit à l'action de Jefus-Chrift, ce bon Sauveur lui en
fait comprendre la neceffité en lui difant, *fi je ne vous lave, vous n'aurez point de part avec*
moi. Ne vous oppofez pas auffi, lui veut dire l'Ange, à la volonté du Confeffeur qui
veut faire pour vous quelque chofe de femblable, en vous purifiant de vos pechez par
une bonne Confeffion.

Nos pieds marquent, felon St. Auguftin, les paffions & les affections charnelles
de nôtre ame, qui, comme nos pieds, touchant toûjours à la terre, en contractent toute
l'ordure & l'impureté, & ont befoin d'être purgées dans les eaux de nos larmes, & de la
grace de Dieu, fignifiées par cette eau dont Jefus lava les pieds de fes Difciples. Et
ce lavement des pieds, (c'eft-à-dire des affections terreftres) eft d'autant plus neceffaire, à un malade, qu'il doit fe preparer alors à partir de ce monde pour aller au ciel,
où rien d'impur & de fouillé ne peut entrer.

Il femble neanmoins que St. Pierre eft excufable de ne pouvoir fouffrir de voir fon
Maître à fes pieds pour les lui laver, & qu'il a plus de fujet de lui dire, qu'il ne fit la premie-
miere fois que Jefus-Chrift vint à lui : *Seigneur retirez vous de moi, car je fuis un pe-*
cheur. Mais c'eft par cette raifon qu'il faut que Jefus ne fe retire point de lui, puifqu'il n'y a que Jefus qui le puiffe purifier de fes pechez; & que même il n'eft venu que
pour appeller les pecheurs à la penitence. Sans ces eaux de la penitence, que le Concile
de Trente appelle un fecond Bâtême, nous ne devons efperer aucune part à la vie
éternelle.

D

Dicit

Pour la
fig. 4.

Dicit ei Simon Petrus: Domine, non tantum pedes, sed & manus & caput. Joann. XIII. 9.

Simon Pierre dit à Jesus : Seigneur lavez moi non seulement les pieds, mais aussi les
mains & la tête.

TOut homme qui a soin de son salut , qui se void attaqué d'une dangereuse maladie, & qui sait la necessité qu'il y a d'être purifié par le Sacrement
de la Penitence , ne se contentera pas de faire une legere confession de ses
pechez , mais pour mettre son esprit en repos, il entrera dans un examen serieux
de la conscience , pour faire une confession generale de toute sa vie. C'est
l'avis salutaire que donne à nôtre malade son bon Ange; & pour l'y porter d'autant
plus , il lui met devant les yeux l'exemple de St. Pierre; qui ayant fait d'abord quelque difficulté à consentir que Jesus lui lavât les pieds, n'a pas plutôt ouï cet arrêt terrible de la bouche de ce grand Sauveur, *si je ne vous lave, vous n'aurez point de part
avec moi*; qu'il lui dit incontinant, *Seigneur lavez moi non seulement les pieds, mais aussi
les mains & la tête.* C'est-à-dire qu'il demande , ce qui ne se peut obtenir que par
une confession generale, qui est la purification entiere de la personne. En quoi ce Dis-
ciple fait paroître son zele & son obeïssance.

La tête marque l'esprit, le cœur, ou la volonté, qui est la source de tous les mouvemens de l'ame, & parlà il faut entendre les pensées & les desirs. Les mains sont
les œuvres, & les actions. Les pieds, comme nous l'avons déja dit, marquent les affections grossieres & terrestres. Quand l'esprit est purifié par la foi, & la volonté par la
charité, il y a encore beaucoup de choses à purifier. Ce sont les restes du vieil homme,
& c'est l'affaire de toute la vie. Cependant c'est beaucoup que d'en être venu jusques là,
que d'avoir nettoyé l'esprit & la volonté ; c'est l'état des regenerés, & ce qui reste à
faire , se doit continuer de jour en jour, & s'achever à l'heure de la mort. Et c'est
là proprement ce que le Seigneur a voulu signifier à Saint Pierre quand il lui dit ,
que celui qui est lavé, n'a besoin sinon de laver les pieds: c'est-à-dire que celui qui
est déja regeneré; dont la partie superieure de l'ame est purifiée, n'a besoin que
de sanctifier les affections, les restes du peché, la partie inferieure, & les appetits de la
chair.

Mais quoi qu'il en soit , quand il y a quelque apparence que la fin de la vie approche, on ne doit pas differer d'un seul moment , cette purification universelle, qui
se fait par une confession generale. On peut juger à la mine de nôtre malade, qu'il s'aquitte
de ce devoir avec une grande devotion. Ce visage baigné de larmes, ces mains join-
tes, cette inclination du corps, cette tête nuë, ces yeux baissez vers la terre, sont en
quelque façon des marques d'une bonne confession. Le livre de l'Ecriture Ste.
ouvert, posé sur un riche tapis, fait voir l'estime & l'usage que le malade en fait , &
qu'il le considere comme un precieux miroir qui lui a découvert les taches & les dé-
defaus dont il desire de se corriger & d'etre purifié.

Exem-

Exemplum dedi vobis, ut quemadmodum ego feci vobis, ita & vos faciatis Joann.   Pour la
                                                  XIII. 15.   fig. 5.

Je vous ay donné exemple , afin que penſant à ce que je vous ay fait , vous faſſiez
auſſi de même.

L'Evangile nous explique le petit tableau par ces paroles ſacrées. Jeſus *ayant lavé
les pieds de ces Diſciples, il reprit ſes veſtemens, & s'étant remis à table , il leur dit:
ſavez vous ce que je viens de vous faire ? vous m'appellez vôtre maître & vôtre Seigneur ; & vous avez raiſon, car je le ſuis. Si donc je vous ay lavé les pieds, moi qui
ſuis vôtre Seigneur & vôtre maître , vous devez auſſi vous laver les pieds les uns aux autres;
car je vous ay donné exemple, afin que penſant à ce que je vous ay fait , vous faſſiez auſſi
de même.* Cette purification ſe devoit donc faire pluſieurs fois, & la ſpirituelle qu'elle
ſignifie, ſe doit auſſi réiterer de tems en tems , & particulierement durant la maladie. Le premier examen qu'on fait de ſa conſcience, n'eſt pas toûjours aſſez exact; il y
a mille & mille replis dans nôtre cœur, qu'on ne ſauroit developer tout d'un coup; il y
faut revenir ſouvent , le ſonder, le penetrer, le conſiderer de tous les côtez. D'ailleurs l'amour propre nous aveugle, c'eſt un dangereux ſeducteur , qui nous cache le
mal ſous l'apparence du bien. Et comme on ne ſe connoît pas bien ſoi-même, l'aſſiſ-
tance d'un Confeſſeur eſt alors tres-neceſſaire. Celui , que l'on void dans cette
Eſtampe, marque au malade ſur ſes doigts, de certains pechez, dont le malade témoigne ſe ſouvenir, & il promet de lui en donner une connoiſſance plus parfaite, par un detail
qu'il lui en fera, ſans oublier une ſeule circonſtance. C'eſt le moyen de guerir de
nos maladies ſpirituelles , qui ſont nos pechez. Il faut revenir ſouvent à la confeſſion
de ſes fautes, pour les effacer & pour en purger ſon ame ; de même qu'on réitere ſouvent les mêmes remedes, pour procurer la ſanté du corps , & pour le purger de ſes
mauvaiſes humeurs, qui lui cauſeroient enfin la mort. C'eſt ainſi qu'en uſoit le *Prophete
Roi,* qui fut le plus excellent modele d'un veritable penitent. Il ne ſe contente pas
de travailler une fois à la purification de ſon ame, il promet de continuer ce ſaint ex-   *Pſ.
ercice. * *Je me ſuis laſſé,* dit-il, *à force de gemir : je laverai mon lit de mes pleurs* V.
toutes les nuits, & je l'arroſerai de mes larmes. Et ſachant que c'eſt de Dieu, que doit
venir la pureté de l'ame, il lui dit: † *Lavez moi de mon iniquité, de plus en plus, & puri-*   † Pſ. L.
fiez moi de mon peché.

 *Jesus accepto pane , gratias egit , & fregit , & dedit eis dicens: hoc est corpus meum , quod
pro vobis datur : hoc facite in meam commemorationem.* Luc XXII. 19.

Jesus prit le pain , & ayant rendu graces ; il le rompit , & le leur donna , en disant:
Ceci est mon corps qui est donné pour vous : faites ceci en memoire de moi.

ON a dressé dans la chambre du malade une espece d'Autel. Les Pages apportent
les chandelles ; l'Ange montre le tableau , qui represente l'institution du sacerdoce,
du sacrifice , & du St. Sacrement de l'Autel de la loy nouvelle. L'imagination du
Peintre a formé aux deux coins du pied du lit deux Bustes, qui representent la disposition de l'ame du malade : L'un marque la Penitence, en se donnant la discipline ; &
l'autre la veritable contrition du cœur, en tenant un cœur à la main, qui est ouvert
du côté du Ciel. Le malade paroît tout penetré des sentimens du *Prophete Roi,* qu'il
exprime par ces paroles. * *L'esprit affligé est le sacrifice que Dieu demande ; ô Dieu vous
ne méprisez point le cœur contrit, & brisé de douleur.* Dans cette disposition, il attend
qu'on lui apporte la Sainte Eucharistie, qui n'est pas seulement la nourriture d'une a-
me sainte , mais aussi le remede des maladies spirituelles, où l'on ne tombe que trop
souvent; en un mot c'est le Pain de vie , & le Viatique de ceux, qui étant aux approches de la mort , se preparent à ce grand voyage , qui nous mene de la terre au Ciel.
Aussi le Fils de Dieu en a fait l'institution à la veille de sa mort, & toutes les fois qu'on
la celebre, il veut qu'on y fasse mention de sa mort. Que peut-on donc faire de plus
à propos , & qui se rapporte mieux à l'intention du Seigneur, que de recevoir ce Saint
Sacrement à la veille de nôtre mort, avec une resignation parfaite à la volonté de Dieu,
soit qu'il lui plaise de nous retirer du tombeau en nous redonnant la santé, soit qu'il
juge à propos de nous appeller dans ses tabernacles éternels. C'est alors qu'une ame
devote , toute penetrée de l'amour de Dieu, doit aller par les transports de son zele à
la rencontre de son Sauveur dans l'Eucharistie, pour lui dire: † *Mon ame & ma chair
brûlent d'ardeur pour le Dieu vivant. Car le passereau s'est trouvé une demeure ; & la
tourterelle un nid pour y mettre ses petits. Qu'ainsi vos Autels soient ma demeure , ô Seigneur des armées, mon Roy & mon Dieu !*

B.R.

Cænantibus autem eis, accepit Jesus panem, & benedixit ac fregit, deditque discipulis suis, & ait: accipite & comedite: hoc est corpus meum. Matth. XXVI. 26. Pour la fig. 7.

Or pendant qu'ils mangeoient, Jesus prit du pain, & l'ayant beni, il le rompit, & donna à ses Disciples: en disant prenez, mangez; ceci est mon corps.

ON voit la representation de ce que signifient les paroles de St. Matthieu, dans le petit tableau que l'Ange fait considerer au malade, pendant qu'on lui apporte ce même corps de Jesus-Christ, sous des voiles simples & méprisables, savoir sous les especes du pain. Le Curé, qui porte le Viatique, & tous ceux qui l'accompagnent paroissent persuadez de cette verité, aussi bien que ceux que le peintre a representez, dans l'adoration & dans le prosternement. Ils le doivent être en effet, car pourquoi chercher des figures dans ces paroles, qui contiennent l'établissement du culte Chrétien, l'institution de la loy nouvelle, le contract de la vraye alliance, le testament d'un Pere mourant, un commandement des plus importans, la fondation de la Religion veritable, la substitution de la realité aux ombres, & la fin des figures mêmes. Ces choses sont trop importantes, & Jesus-Christ est trop sage, pour les avoir exprimées d'une maniere obscure ou equivoque. Puis qu'il a dit: ceci est mon corps, il faut reconnoître la presence réelle de ce corps adorable sur nos autels, & l'effusion mysterieuse de ce sang precieux, de ce sang du Nouveau Testament, comme il l'appelle lui même dans les paroles de l'Institution. Que faut il davantage pour établir un sacrifice? Il y a une victime, il y a du sang répandu, il y a un commandement exprés de Jesus-Christ de faire ce qu'il a fait, en memoire de lui. Aussi le malade excité par la veuë d'un objet si consolant, & par les conseils salutaires que l'Ange lui donne, rend à Dieu sacrifice pour sacrifice; sacrifice de l'homme exterieur par la penitence, sacrifice de l'homme interieur par l'adoration; & si c'est la volonté de Dieu de le retirer de ce monde, il veut pour dernier sacrifice, lui rendre son ame.

Man-

Pourla
fig. 8.

*Manducantibus illis accepit Jesus panem , & benedicens fregit , & dedit eis , &
ait : sumite , hoc est corpus meum.* Marc. XIV. 22.

Pendant qu'ils mangeoient encore , Jesus prit du pain , & l'ayant beni , le rompit ,
& le leur donna , en disant : prenez , ceci est mon corps.

SI le peintre eut pû representer à nos oreilles les paroles de nôtre malade, qui va recevoir
le Viatique, comme il a representé à nos yeux les marques exterieures qu'il donne de
sa profonde veneration pour ce divin Sacrement, nous lui entendrions dire ces paroles ti-
rées de quelques endroits de St. Augustin.

    Venez, mon Dieu, non seulement dans mon corps , mais aussi dans mon cœur. Car je
ne serois pas fort heureux, si vous entriez dans cette maison, où vous avez logé mon ame,
sans entrer dans mon ame même , comme vous entrâtes autrefois dans la maison
du Pharisien superbe, sans neanmoins entrer dans son cœur.   Je confesse que je ne suis
pas digne que vous entriez chez moi.   Mais comme j'ay dans la bouche les humbles
paroles du Centenier de vôtre Evangile, donnez moi aussi son humilité : par laquelle
en se reconnoissant indigne de vous recevoir en sa maison, il devint digne, non de vous
avoir dans l'enceinte de son logis, mais dans le fond de son cœur, & d'étre gueri par le
medecin des cœurs, en vous recevant dans la maison spirituelle de son ame. Faites mon
Dieu que je devienne comme lui, d'autant plus capable, & d'autant plus rempli des mêmes graces, qu'il a receuës, que je serai plus humble & plus rabaissé à mes propres yeux;
comme les vallées reçoivent d'autant plus les eaux du Ciel, qu'elles sont plus basses.   Je
vous prie, mon Dieu, qu'outre l'humilité profonde de ce Centenier, vous m'accor-
diez encore la religieuse foy de Zachée, qui vous receut & dans sa maison & dans
son cœur.

Ait Jesus Apostolis suis desiderio desideravi hoc Pascha manducare vobiscum, antequam patiar. Luc. XXII. 15.

Pour la fig. 9.

Jesus dit à ses Apôtres : J'ay souhaité avec ardeur, de manger cette Pasque avec vous avant que je souffre.

QUelle connexion peut avoir avec l'état d'un malade, qui se trouve dans une posture indecente, ce qu'on void dans le fond de l'Estampe, & dans le petit tableau ? C'est pour nous marquer que quand un malade n'est pas en état de recevoir la sainte Communion, non par le défaut de son ame, mais par le déréglement & par l'indisposition de son corps, il doit élever son ame à Dieu, & s'apliquer les paroles de St. Augustin, *Croi & tu l'as mangé.* Il doit encore, à l'imitation du Fils de Dieu, desirer avec ardeur de participer à la Pasque Chrêtienne, aux fruits sacrés de la sainte Eucharistie, & de la mort precieuse de nôtre divin Sauveur. Et ce desir, cette ardeur, & cette foi, lui doivent tenir lieu d'une sainte Communion. Car il suffit d'avoir * *faim & soif de la justice* pour en être *rassasié.* Imaginons nous de voir le cœur de nôtre malade, qui pressé de ses incommoditez corporelles, tient à Dieu ce langage plein d'humilité. *Matth. V. 6.*

Je voudrois, mon Dieu, pouvoir satisfaire à vôtre divin commandement, qui m'oblige à manger vôtre chair, pour avoir la vie. Mais pendant que l'état de mon mal me prive de l'avantage de vous recevoir dans mon corps, faites que vôtre corps soit la nourriture de mon ame, & que sans manger la vie, que je la reçoive; & afin que vous soyez ma vie, faites moi la grace, s'il vous plaist, que sans prendre vôtre chair sous les especes sensibles, je la mange spirituellement en recevant dans mon ame sa vertu & son esprit. Mais quand je voi l'empressement & l'amour avec lequel vous avez dit, *J'ay souhaité avec ardeur, de manger cette pasque avec vous*, je rougis d'être tout de glace pour un don si precieux, mettez moi, Seigneur, en état de vous desirer de plûs en plûs. Vous vous donnez à moi parce que vous m'aimez; faites que je vous ayme, pour me donner à vous.

Pour la
fig. 10. *Similiter & Calicem postquam cœnavit, dicens : hic est Calix Novum Testamentum in
sanguine meo, qui pro vobis fundetur.* Luc. XXII. 20.

Il prit de même la coupe aprés souper en difant : Cette coupe eft le Nouveau Teftament en mòn fang, qui fera répandu pour vous.

VOici la table & tout ce qui eft neceffaire pour dreffer un Teftament. Les Ju-
risconfultes, le notaire & les témoins entrent dans la chambre. Le Pere Confeffeur donne les inftructions neceffaires au Notaire, & il a toute la mine d'étre un de
ces Cordeliers, qui obfervant religieufement le vœu qu'ils ont fait d'une pauvreté volontaire, bien loin de rechercher des Teftamens, ou d'en faire faire en leur faveur,
n'accepteroient pas même ceux qu'on leur auroit faits, faifant gloire de la pauvreté de
leur inftitur. Ce bon Pere donc inftruit le Notaire, pour lui fuggerer les difpofitions qui font les plus raifonnables, afin que le malade fatisfaffe à fes obligations. Il
confeille en fuite au malade, de ne pas exhereder aucune perfonne, qui fans teftament auroit droit à l'heritage, fi elle ne s'en eft renduë indigne par des crimes enor-
mes. Il lui recommande fur tout les pauvres de fa parroiffe, de fa Ville, & de fes
terres, & de fe fouvenir de recompenfer fes fideles domeftiques. Il l'avercit auffi de
ne faire rien coucher fur fon Teftament, qui foit contraire aux coûtumes de fa pro-
vince, & d'eviter toutes claufes equivoques ou douteufes, qui font ordinairement
une femence eternelle de procez & d'inimitiez dans les familles. Voila les chofes dont
le Pere Confeffeur entretient le Notaire & le malade ; pendant que l'Ange femble lui
dire, qu'étant fur le point de faire fon Teftament, il doit avoir Dieu devant fes yeux,
& le régler de telle maniere, qu'il en puiffe répondre au dernier jour fans en étre repris, devant celui qui quelques jours avant fa mort fit fon Teftament d'une maniere
fi fainte, fi fage, & fi mifericordieufe, que tout indignes que nous en étions, il nous
a fait part de fon heritage celefte.

Et qui vidit, testimonium perhibuit : & verum est testimonium ejus; & ille scit quia vera dicit, ut & vos creditis. Joann. XIX. 35.

Pour la fig. II.

Celui qui l'a veu, en rend témoignage & son temoignage est veritable; & il sait qu'il dit vray, afin que vous le croyez aussi.

SAint Jean, qui a écrit ces paroles, est representé dans le petit tableau, tenant la plume à la main, & écrivant son Evangile; & le Peintre n'a pas mal rencontré dans le parallele qu'il en fait ici avec un Notaire, qui dresse un Testament; puisque les Evangelistes ont été comme les Notaires du fils de Dieu, auxquels il a dicté sa derniere volonté, & son dernier Testament, qu'ils ont couché dans leurs Evangiles, le Notaire est assis entre les deux témoins, dont l'un est un homme d'épée, & l'autre un homme de robe. Les gestes de celui ci font connoître qu'il raisonne sur les clauses du Testament; & la posture de celui là, marque son silence & son attention modeste, à des choses qui ne sont pas tout à fait de sa profession. Le Religieux est tout occupé à persuader au Malade, de faire une reflexion serieuse à sa disposition derniere, pendant que le Notaire fait voir, qu'il trouve quelque difficulté, à passer le Testament d'une certaine maniere qui blesseroit sa conscience. L'Ange gardien semble dire deux choses à la fois; savoir, que le Malade doit faire attention à ce que le Pere, le Notaire & les témoins lui representent; & au Testament du Fils de Dieu, dont St. Jean fut le fidele Ecrivain. Que si ce divin Testament, qui a été dicté par celui qui est la Sagesse eternelle & dont les termes sont si précis & si clairs, a été sujet neanmoins à tant d'interpretations differentes, qui causent mille disputes parmi les Chrétiens. Quelle precaution ne faut il pas prendre quand il s'agit de dresser un Testament, qui doit servir de régle & de loi aux heritiers & aux legataires, & qui seroit le sujet de mille procés, s'il n'étoit pas fait dans les formes, ou s'il étoit conceu en des termes equivoques.

Si hæc scitis, beati eritis, si feceritis ea. Joann. XII. 17.

Si vous savez ces choses, vous étes heureux, pourveu que vous les pratiquiez.

St. Paulin appelle les pauvres, les patrons & les protecteurs de nos ames, & Jesus-Christ nous conseille de nous les acquerir pour amis, en leur faisant part de nos biens, afin qu'à l'heure de nôtre mort, où toutes choses nous manqueront, ils nous reçoivent dans les tabernacles éternels. C'est le conseil que suit ici nôtre malade, il donne sa bourse, & un petit coffre au tresorier des pauvres, & il fait du bien pendant qu'il en a le pouvoir, de peur que la mort ne le surprenne. Bien éloigné en cela du sentiment de celui, contre lequel, le Martial de nos jours a fait cette raillerie piquante.

> *Qui dum vixisti nulli benefeceris unquam,*
> *Incipies fieri, pontice, quando bonus?*
> *Omnia pauperibus, dicis, post fata relinquam:*
> *Qui post fata sapit, pontice, serò sapit.*

,, Vous qui n'avez fait jamais du bien à personne, pendant vôtre vie, quand commen-
,, cerez vous à devenir homme de bien? vous dites que vous laisserez aprés vôtre mort
,, tout vôtre bien aux pauvres, & je vous dis que celui qui ne devient sage qu'aprés sa
,, mort, le devient trop tard. Un autre Poëte a dit sur ce sujet,

> *Da tua dum tua sunt: post mortem tunc tua non sunt.*

,, donnez vôtre bien pendant qu'il est à vous, aprés vôtre mort, il ne l'est plus.
Ici nous pouvons fort bien appliquer ce que dit le Fils de Dieu, dans la representation que l'Ange montre du doigt, *si vous savez ces choses, vous êtes heureux, pourveu que vous les pratiquiez.* Ce n'est pas la lumiere & la connoissance qui fait le bonheur de cette vie; mais le bon usage qu'on fait de cette lumiere & de cette connoissance. Celle de nos devoirs sans la pratique, ne sert qu'à nous attirer un jugement plus rigoureux; Celui qui sait la volonté du maître, & ne l'a fait pas, dit Jesus-Christ, sera battu de plus de coups. Plus on connoît la verité, plus on est abominable devant Dieu, quand on ne la pratique pas. Mais helas! qu'on fait peu d'attention aux obligations qu'elle nous impose. Il faut ici tourner la medaille & dire à la honte de la plûpart des Chrétiens, le contraire de ce qui se void dans ce tableau, *si vous savez ces choses, que vous êtes malheureux,* de les pratiquer si mal.

Ego dispono vobis, sicut disposuit mihi Pater meus, regnum.   Luc. XXII. 29.

Je vous laisse le Royaume, comme mon Pere me l'a laissé.

Pour la
fig. 13.

LOrs que le Fils de Dieu fit son Testament, comme cela est representé dans le petit
tableau, que les Anges tiennent devant les yeux du Malade, il dit à ses Apôtres,
qu'il regardoit comme ses enfans; *Je vous laisse le Royaume, comme mon Pere me l'a laissé.*
C'est de là que nôtre malade emprunte la réponse qu'il fait à sa seconde femme, dont il
n'avoit point eu d'enfans, qui tâche de l'engager par ses larmes à tester en sa faveur, au
prejudice des enfans du premier lit.   Pendant que l'Avocat qui étoit dans les interêts de
cette femme, tâche de son côté, de gagner le Pere confesseur, par ses raisonnemens,
afin qu'il oblige le malade à preferer la femme à ses enfans: mais le Testateur demeu-
rant ferme dans son sentiment, dit qu'il faut laisser les choses dans l'état où elles sont,
& ne pas ôter à ses enfans, ce qui leur est acquis par le droit de la nature; il laisse donc
à ses Fils, l'heritage qu'il a receu de son Pere, & il legue à sa femme un douaire selon
sa qualité.   C'est ainsi qu'il est dit dans la Genese, † qu'*Abraham donna à Isaac tout* † c. 25.
ce qu'il possedoit, & qu'il fit des presens aux Fils de ses autres femmes. C'est-à-dire aux enfans ƒ. 26.
d'Agar & de Cethura, qui, quoi que femmes legitimes, selon l'usage de ce temps-là,
étoient au dessous de Sara, qui avoit été la premiere, & qui étant regardée comme la
Dame & la Maîtresse de la famille, y tenoit aussi le premier rang.   C'est pour cela
qu'Isaac son fils, fut l'heritier universel de tous les biens d'Abraham, & que les enfans
de ses autres femmes, ne furent regardez que comme des Legataires.   Quand on a ainsi
disposé de ses biens temporels selon les régles du droit & de la justice, on peut sans aucune crainte aller rendre conte à Dieu de ce qu'il nous a mis en main, & dont nous ne
sommes que les depositares

Pour la fig. B. aprés la fig. 13.

Statutum est hominibus semel mori, post hoc autem Judicium. Hebr. IX. 27.

Il est arrêté que les hommes meurent une fois, & qu'ensuite ils soient jugez.

A L'entrée de la seconde partie, le Peintre nous represente un homme que la mort, sortant d'une fosse, prend par le bras, pour le coucher dans le tombeau, où l'on void cette inscription,

     Mors ultima linea rerum.

„ La mort met fin à tout. Et pour montrer la cause de cette mort qui doit emporter tous les hommes sans exception, on void au dessus de ce monument un serpent qui traversant une tête de mort, porte la fatale pomme qui tenta nos premiers parens. Le tems prend la fuite, pour marquer que celui de la vie est passé, & qu'il ne revient plus. Cependant l'Ange gardien tient nôtre homme par la main, & le mene vers un endroit où sont representées les trois vertus Theologales, la foy, l'esperance, & la charité. La foy a pour Symboles, la verge d'Aaron, le Calice & la Croix: l'Esperance repose sur son ancre, & la charité se trouve au milieu entre la foy & l'Esperance, dans la personne du Fils de Dieu attaché à la Croix. Il y a des petits enfans qu'on place ordinairement auprés de la Charité. On y void aussi des Anges, qui étant couchez sur la Corniche, témoignent plûtôt leur joye que leur douleur sur la mort de Jesus - Christ, parce que c'est en mourant qu'il a fait voir qu'il étoit luy même la Charité. On lit au dessus ces trois mots. *Speculum bonæ mortis.* Le miroir d'une bonne mort. Miroir qui ne flatte point, miroir où nous devrions nous regarder continuellement, pour connoître nos défauts & l'imperfection de nôtre Charité, miroir enfin où l'on doit plûtôt apprendre la maniere de bien mourir que la necessité de la mort.

SPECULU[M] BONÆ MORTIS

Pour la
fig. 14.

Hymno dicto, exierunt in montem Oliveti. Matth. XXVI. 30.

Ayant chanté le Cantique *d'action de graces,* ils s'en allerent sur la montagne des Oliviers.

LE Notaire, l'Avocat & les témoins, n'ayant plus rien à faire, prénent congé du malade, & se retirent. Le valet de Chambre ôte la table ; le Confesseur revient auprés du Malade, & luy témoigne sa joye, de ce qu'ayant profité de son conseil, il a fait son Testament suivant les régles du droit & de la pieté. Le Pere compagnon du Confesseur prend le livre des prieres, pour y chercher l'action de graces qu'ils doivent tous ensemble rendre à Dieu. La leçon, que l'Ange gardien donne au Malade, tend au même but. Il luy fait remarquer dans le petit tableau, comment le Fils de Dieu, aprés avoir fait son Testament, chanta avec ses Apôtres le Cantique d'action de graces, en sortant de Jerusalem, & en marchant avec eux, vers la montagne des Oliviers. Le Malade a tous les sujets du monde de chanter à Dieu, un Cantique d'action de graces. Il vient de sortir d'un embarras, qui luy tenoit lieu d'une seconde maladie; il vient de disposer des biens que Dieu luy avoit donnez, selon les régles du droit & de la charité, en ayant donné une partie aux pauvres; il a rendu aux siens ce qu'il leur devoit, & il a satisfait à Dieu & à sa conscience; quel sujet n'a-t-il donc pas de benir Dieu, auquel il doit cette bonne œuvre qu'il vient de faire, aussi bien que les richesses dont il vient de disposer par son Testament ?

† Orai-
son du
5. di-
man-
che
aprés
pas-
ques.
*Philip.
2. 13.

† *Deus a quo bona cuncta procedunt.*

C'est de Dieu qu'il tient les biens de la terre, & le pouvoir d'en disposer; c'est de Dieu qu'il a receu la volonté d'en disposer chrêtiennement, c'est de Dieu enfin qu'il a receu l'execution même de cette bonne volonté. ✱ *C'est Dieu qui opere en vous le vouloir & le faire,* dit Dieu même par son Apôtre.

Tunc

Tunc venit Jesus cum illis in villam quæ dicitur Gethsemani, & dixit discipulis suis
Pour la *sedete hîc, donec vadam illuc & orem.* Matth. XXVI. 36.
fig. 15.

Aprés cela Jesus s'en vint avec eux en un lieu appellé Gethsemani; & dit à ses disciples, asseyez vous là, pendant que je m'en irai prier ici prés.

CEs paroles nous font voir, comment le Fils de Dieu, aprés avoir fait son Testament, & avoir rendu graces à son Pere, continuë à se preparer à la mort. Le petit tableau, qu'on void ici, nous en donne une vive representation. C'est à la veuë de cet objet si touchant, que l'Ange & le Confesseur exhortent nôtre malade à poursuivre ce qu'il a si bien commencé, & à se preparer à la mort, dont la fragilité de nôtre nature nous fait craindre les approches. Cependant l'autre Religieux redouble ses prieres pour le malade ; & comme la preparation la plus necessaire dans cet état consiste à bien recevoir l'Extreme onctions, l'Ange, & le Confesseur parlent au malade de ce divin Sacrement. Ils lui disent qu'il est particulierement destiné aux personnes qui se trouvent dans l'état où Dieu l'a reduit, que c'est la medecine spirituelle de tous ceux qui sont dangereusement malades, qu'ils obtiennent en la prennant la remission des péchez qui se peuvent encore trouver en eux, qu'ils reçoivent en même tems la grace de souffrir avec patience, les peines & les incommoditez de la maladie, la force & le courage pour se disposer à bien mourir, & mêmes le rétablissement de la santé, si cela peut servir à la Gloire de Dieu, & au salut de leur ame. Et afin que le malade ait plus de foi pour ce dernier Sacrement; ils lui disent que Nôtre Seigneur Jesus-Christ l'a institué comme les autres, ils lui alleguent la pratique & la tradition de l'Eglise ; ils lui citent le passage de St. Jaques, qui nous marque expressement dans son Epitre Canonique, le tems, l'Usage, les effects de ce sacrement, & quels sont ceux qui le doivent administrer. * *Quelqu'un parmi vous est il malade, qu'il appelle les Prêtres de l'Eglise, &*
Ch. V. *qu'ils prient sur lui, l'oignant d'huyle au nom du Seigneur: & la priere de la foy sauvera*
14. 15. *le malade, le Seigneur le soulagera, & s'il a commis des pechez, ils lui seront remis.*

Et

Et affumpto Petro, & duobus filiis Zebedæi, cœpit contriftari & mœftus effe. Pour la
Matt. XXVI. 37.
fig. 16.

Il prit avec lui Pierre & les deux fils de Zebedée & il commença à étre faifi de
trifteffe, & à avoir le cœur preffé d'une extreme affliction.

LE tableau du petit autel nous reprefente l'entrée du Fils de Dieu dans le Jardin
des Oliviers, accompagné de St. Pierre, de St. Jaques, & de St. Jean, pour fe
preparer à la mort. Les Peres & plufieurs favans interpretes ont dit que ces trois
Apôtres reprefentoient les trois vertus Theologales : que St. Pierre fignifioit la foi,
St. Jaques l'efperance, & St. Jean la charité ; que ces trois vertus doivent être les com-
pagnes infeparables de nôtre ame, & qu'elles doivent fur tout fe faire connoître,
quand elle eft fur le point de recevoir les Sacremens. C'eft la leçon que l'Ange & le
Confeffeur donnent au Malade, pour le difpofer à recevoir les faintes huiles des mains
du Curé, par des actes de foi, d'efperance, & de charité. Voici le langage qu'ils
lui font ténir, dans cet acte de devotion. " Je croi mon Dieu que vous avez inftitué
" le Sacrement de l'Extreme onction, & fi je n'en connois pas affez la grace & les ef-
" fects ou fi je la croi d'une foi trop foible & trop chancelante, *augmentez* * la & * Luc.
" *aidez* * moi dans *mon incredulité.*
17. 5.
" J'efpere mon Dieu, que par ce facré remede, vous effacerez de mon ame ce qu'il * Marc.
" y peut refter des taches du peché, & que vous ne la rejetterez pas quand elle quit- 9. 23.
" tera ce corps, ou que vous me rendrez la fanté, fi cela eft plus convenable & à vô-
" tre gloire & à mon falut.
" Enfin Jefus mon Sauveur, je vous aime, & à force de vous aimer, je me
" donne tout à vous. Je defire de recevoir le Sacrement de l'Extreme onction, pour
" m'unir à vous dans vôtre état d'agonie, au Jardin des Olives, & fur la Croix ; &
" pour me difpofer à la mort, comme vous vous y étes difpofé.

Appa—

Pour la *Apparuit autem illi Angelus de cœlo, confortans eum. Et factus in agonia, prolixius*
fig. 17. *orabat.* Luc. XXII. 43.

Alors il lui apparut un Ange du ciel, qui le vint fortifier. Et étant tombé en agonie, il redoubloit ses prieres.

ON donne l'Extreme-onction au Malade : On n'y void point paroître des Moines, comme on n'en a pas veu aussi dans le huitiéme tableau, lors qu'on lui donnoit le viatique : parce que ce n'est pas aux Moines de se mêler des fonctions qui n'appartiennent qu'aux Curez. L'agonie du Fils de Dieu, sa priere, & l'apparition d'un Ange qui décend du Ciel pour le consoler, ne sauroient étre mieux placées que dans cet endroit, où le Peintre les a si bien representées dans le petit tableau, puisque le Malade qui reçoit l'Extreme-Onction se trouve à peu prés dans le même état, où étoit Jesus-Christ dans son agonie : Il combat avec la mort, & avec tous les ennemis de son salut; alors le Malade doit redoubler ses prieres qu'il accompagne souvent de beaucoup de larmes, & le Curé est comme l'Ange qui vient le fortifier & le consoler, & qui lui adresse ces paroles, avant qui de lui donner les saintes huiles.

„ Mon cher frere, Nous vous apportons le sacrement de l'Extreme-onction, pour
„ vous soulager dans les douleurs de vôtre maladie, & vous en delivrer même entiere-
„ ment, si c'est pour la plus grande gloire de Dieu, & pour vôtre salut. Pour vous
„ remettre ce qui vous reste des pechez de vôtre vie passée, & pour vous fortifier con-
„ tre les tentations du malin esprit. Afin de recevoir ce Sacrement avec pieté,
„ unissez vous à nôtre Seigneur Jesus-Christ, dans son etat d'Agonie au Jardin des
„ Olives, & demandez lui qu'il vous fasse la grace d'entrer dans les mêmes disposi-
„ tions, dans lesquelles il entra lui même, pour se preparer à la mort. Ayez bon
„ courage, mon cher frere; confiez vous en la bonté de Dieu par les merites de Nô-
„ tre Seigneur Jesus-Christ; & au même tems que nous ferons les onctions en quel-
„ qu'une des parties de vôtre corps, redoublez vos prieres, & demandez pardon à
„ Dieu, dans le fond de vôtre cœur, de tous les pechez de vôtre vie passée, & prin-
„ cipalement de ceux, que vous avez commis, par le mauvais usage de la partie du
„ corps que l'on oindra.

Jesus itaque sciens omnia quæ ventura erant super eum , processit & dixit eis: quem quæ-
ritis ? Joann. XVIII. 4.

Mais Jesus qui savoit tout ce qui lui devoit arriver, vint audevant d'eux, & leur dit:
qui cherchez vous ?

LE Fils de Dieu ayant receu la consolation de l'Ange, que son Pere lui avoit envoyé du Ciel pour le fortifier, se leva , & voulut faire voir le courage & la force
qu'il venoit de recevoir , en s'offrant sans crainte à *Judas qui ayant pris une compagnie*
de soldats & des gens que lui envoyoient les Princes des Prêtres, vint en ce lieu avec des lan-
ternes, des flambeaux, & des armes. Ici l'Ange prend le malade par la main , pour lui
donner du courage, en lui montrant l'exemple du Fils de Dieu , qu'il doit imiter aprés
avoir receu de nouvelles forces par l'Extrém-eonction. Il faut qu'il se prepare comme son Sauveur, à soûtenir les attaques que le demon, cet ennemi commun de nôtre salut, nous livre à l'extrémité de nôtre vie. Car quoi qu'il ne cesse jamais de penser aux moyens de nous perdre , c'est dans ces derniers momens qu'il redouble ses
efforts , & qu'il tâche de se prevaloir de nôtre foiblesse , pour venir à bout de son
malheureux dessein. C'est ce qui lui seroit facile , si le Sacrement de l'Extréme onction qui est d'une trés-grande efficace, ne repoussoit cet esprit malin, & ne relevoit
nôtre courage, par la confiance qu'il nous inspire en la bonté de Dieu; qui dans cette extremité nous donne de nouvelles forces pour souffrir avec moins de peine toutes les incommoditez de la maladie, & pour resister à tous les artifices de l'ancien serpent.

Cum

Pour la
fig. 19.

*Cum Quotidie vobiscum fuerim in Templo non extendistis manus in me : sed hæc est hora ves-
tra , & potestas tenebrarum.* Luc XXII. 53.

Quoi que je fusse tous les jours avec vous dans le Temple, vous ne m'avez point arrêté : Mais c'est ici vôtre heure , & la puissance des tenebres.

COmme ce que nous venons de lire se passa pendant la nuit , le Peintre, qui en
representant l'Histoire de la Passion, l'accomode autant qu'il peut au tems & à l'é-
tat du Malade, nous fait voir ici ses enfans & les Domestiques endormis; quoi que le
soin que les uns ont de leur Pere, & les autres de leur maître, & l'affection qu'ils lui
portent , ne leur ait pas permis de quitter leurs habits , & de reposer à leur aise, dans
l'état où se trouve le malade.   Pour les Cordeliers , ils se sont allez reposer, & le malade n'a d'autre compagnie que celle de son Ange gardien, qui ne dort jamais, mais
qui veille toûjours pour la défense de celui dont Dieu lui a commis le soin.   Si le diable qui ne dort aussi jamais, veut se prevaloir de la solitude où se trouve le malade ,
& s'il vient troubler son repos par des images affreuses , à dessein de le pousser dans
le desespoir, l'Ange le prend par le bras, le rassure contre ces frayeurs, & lui fait considerer que le demon n'a de pouvoir sur les hommes, qu'autant que Dieu lui en donne
pour les éprouver; mais il ne permet jamais, qu'il les tente audelà de leurs forces. Et
quoi que Jesus-Christ, allant au devant de cette troupe de gens à la tête desquels mar-
choit Judas, comme on le void dans le petit tableau, die à tous ces assassins & particulierement aux Princes des Prêtres, & aux Officiers du Temple, *c'est ici vôtre heure & la puissance des tenebres,* il ne faut pas pourtant s'imaginer qu'ils eussent aucun pouvoir
sur le Fils de Dieu, si lui-même ne se fut livré volontairement entre leurs mains. Et il auroit
*Joann pû leur dire, ce qu'il dit ensuite à Pilate ✱ *Vous n'auriez aucun pouvoir sur moi s'il ne vous
XIX. 11. avoit été donné d'enhaut.* Ce qui est un grand sujet de consolation pour tous les enfans de
Dieu, quand Dieu permet qu'ils tombent quelquefois entre les mains de leurs ennemis.

Pontifex interrogavit Jesum de discipulis suis & de doctrina ejus : respondit ei Jesus : Ego palam locutus sum mundo. Joann XVIII. 19. 20..

Le grand Prêtre interrogea Jesus touchant ses Disciples & sa doctrine : Jesus lui répondit ; j'ay parlé publiquement à tout le monde.

CEtte representation hideuse, où Jesus comparoit comme un criminel devant le grand Prêtre fait voir une des plus terribles attaques, que le diable donne à ceux qui sont à l'article de la mort. Il les interroge sur le sujet de leur foi, à dessein de les surprendre, de les ébranler, & de les plonger dans un abyme de tenebres ; & au lieu qu'il laisse en repos ceux qui n'ont qu'une fausse foy, parce qu'il les regarde comme une proye qui ne lui peut échaper, il attaque ceux qui ont une foi veritable, par des Sophismes, par de faux raisonnemens, & par tous les artifices dont cet esprit malin est capable. Ce fut ainsi qu'il osa tenter le Fils de Dieu lui-même dans le desert. Il n'y a donc que les veritables fideles, qui soient exposez à ces grands combats, & ils n'ont à faire autre chose qu'à imiter leur Sauveur, & à donner la réponse que Jesus fit au Grand Prêtre, comme il est representé dans le petit tableau : ils n'ont qu'à dire comme lui : *J'ay parlé publiquement à tout le monde,* j'ay fait profession publique de la foi Catholique Romaine, & dans cette foi je veux & vivre & mourir. Et comme le Sauveur dit au Grand Prêtre ; *Pourquoi m'interrogez vous ? interrogez ceux qui m'ont entendu, pour savoir ce que je leur ay dit, Ce sont ceux-là qui savent ce que j'ay enseigné :* Si le malade n'est pas un homme d'étude, ou s'il est peu versé dans les matieres de la foi, il n'a qu'à dire au demon ,, Pourquoi m'interrogez-vous ? Interrogez ceux ,, qui m'ont enseigné pour savoir ce qu'ils m'ont dit. Ce sont ceux-là qui savent ce qu'ils ,, m'ont enseigné. Ils sont les Disciples & les successeurs des Apôtres. Ils m'en ont ,, donné des preuves incontestables. Ils sont attachez au successeur de celui, à qui le ✶ Luc ,, Sauveur dit autrefois. ✶ *Satan vous a demandé pour vous cribler, comme on crible le* XXII. ,, *froment ; mais j'ay prié pour vous afin que vôtre foi ne defaille point.* 31. 32.

Pour la fig. 20.

Quia

44

Quid vobis videtur? At illi respondentes dixerunt : Reus est mortis. Matt. XXVI. 66.

Qu'en jugez-vous ? Ils répondirent : il a merité la mort.

LA tentation dont le diable s'est servi pour éteindre la foi du malade, est maintenant suivie d'une autre, par laquelle il tâche d'ébranler son esperance. Il lui met devant les yeux le grand nombre des pechez qu'il a commis, c'est ce que veut dire ce registre que le diable presente au malade, & par là il tâche non seulement de l'intimider, mais de lui ôter toute esperance de salut, comme s'en étant lui-même fermé la porte par ses déréglemens, & par ses frequentes cheutes dans le peché. Ce piege est fort dangereux ; car comme les fidelles savent très-bien que la foi seule ne nous sauve pas, si elle n'est accompagnée des bonnes œuvres, ils ont beau dire qu'ils embrassent le merite de Jesus-Christ, & qu'ils croyent toutes les veritez Catholiques ; s'ils ne confirment cette profession par une bonne & sainte vie. Et comme il n'est point de fideles, qui n'ayent un grand nombre de pechez à se reprocher, le diable prend occasion delà de les accuser, & de leur dire ce qu'il a dit au Fils de Dieu par la bouche de ses Emissaires, *ils ont merité la mort.* C'est l'artifice dont Satan se sert ici pour surprendre nôtre malade ; mais l'Ange pour le garentir de ce nouveau piege qui lui est tendu par le Demon, le prend par le bras & lui dit, ,, que craignez-vous? N'avez-vous

,, pas appris de St. Jean, * *que si vous confessez vos pechez, Dieu est fidele & juste pour vous*
,, *les remettre,* & pour vous purifier de toutes vos iniquitez. Vous avez confessé vos
,, pechez avec toute l'exactitude qu'il vous a été possible, vous en avez eu une dou-
,, leur vive provenant plûtôt de la charité, & de l'amour de Dieu que de la crainte du sup-
,, plice ; vous offrez toutes vos peines, & la mort prochaine, pour quelque satisfac-

,, tion de vôtre part, pendant que le Fils de Dieu a satisfait pour vous. Vous avez
,, receu l'absolution, l'Euchariftie, & l'Extreme-Onction. Je vous dis ce que le Sau-

,, veur dit a un malade * *mon fils ayez confiance, vos pechez vous sont remis.* S'ils se
,, presentent encore à vôtre memoire, n'en soyez pas inquieté. † ils ne nuisent plus
,, quand ils ne plaisent plus.

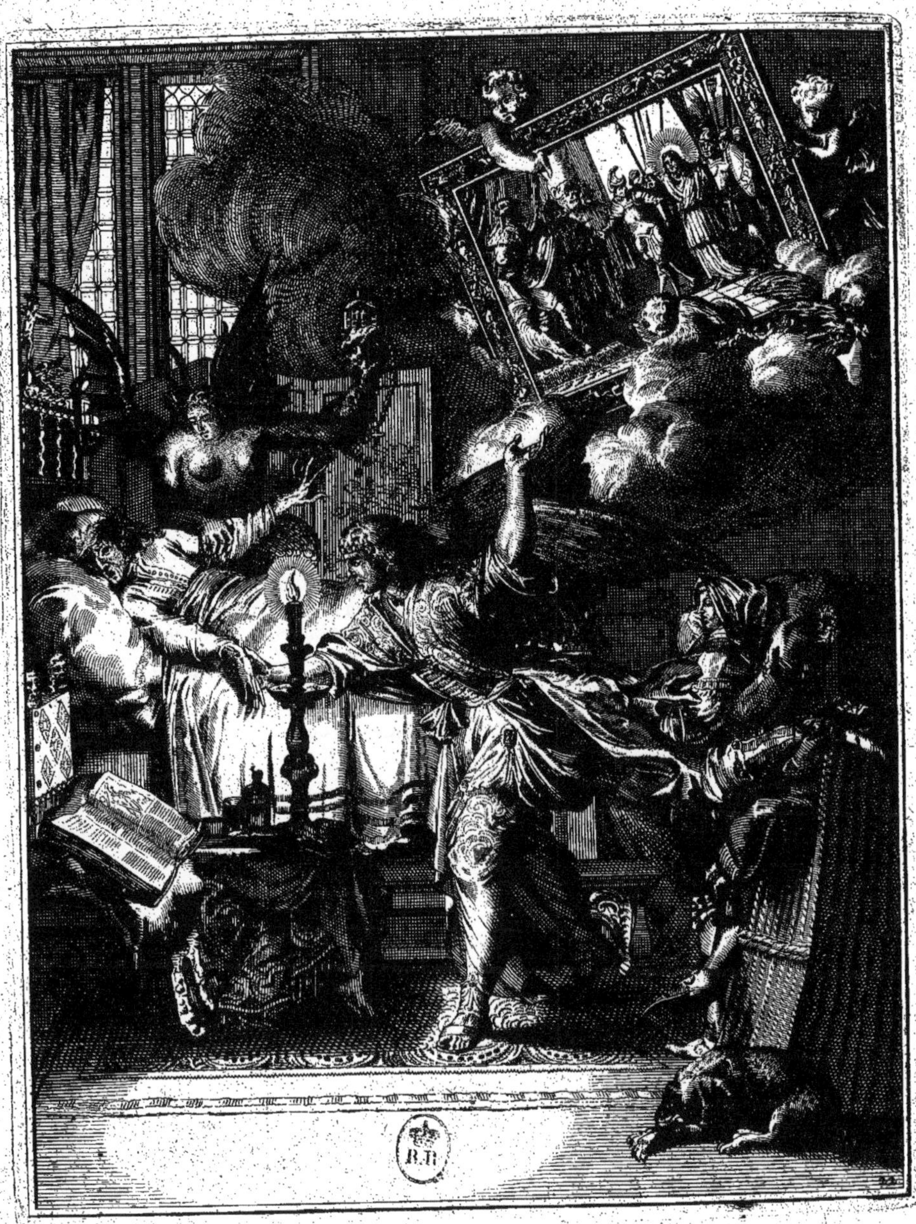

Nullam caufam invenio in homine ifto ex his in quibus eum accufatis : fed neque Herodes. Pour la
Luc. XXIII. 14.   fig. 22.

Je n'ay pas trouvé cet homme coupable d'aucun des crimes, dont vous l'accufez,
ni Herode non plus.

APrés la tentation contre la foy, & contre l'Efperance, on fe doit attendre à une troï-
fiéme contre la Charité.   Le demon pour faire perdre au malade, tous les fruits
de cette vertu , fe fert des moyens contraires à ceux dont il s'eft fervi pour ébranler fon
efperance.   Au lieu de luy infpirer de la crainte, & de le porter au defefpoir par le fouvenir de fes pechez il luy met devant les yeux les bonnes œuvres qu'il a faites, pour luy
donner de l'orgueil & pour l'endormir dans la fecurité; & par cette prefomtion & cette
confiance en fes propres merites, dont le Diable le veut flatter, il veut détruire entie-
rement la charité, de laquelle St. Paul dit qu'elle ne s'enfle point d'orgueil. * *Charitas non* * 1. Cor.
inflatur. C'eft pour cela que le Demon prend une autre forme, & le peintre nous le reprefen- XIII.
te tout charmant, & ayant une main levée, d'où il fait tomber des pieces d'argent, à laquel- 4. 5.
le eft attaché un Chapelet, & fur laquelle il y a une forme d'Eglife, ou de Temple pour
marquer que le Diable luy remet dans l'efprit les effets de fa liberalité, & de fa devotion. Il
le prend doucement de l'autre bras pour le flater. Mais l'Ange qui a toûjours les yeux fur
le malade, luy fait faire des reflexions qui tendent à bannir cet orgueil que le Demon lui veut
infpirer; il luy fait entendre que la vraye charité eft oppofée à l'efprit d'orgueil, qu'elle
n'eft point ambitieufe †, & qu'il ne fuffit pas de fe croire innocent pour l'étre en effet, †
puis que St Paul luy même a dit, * *nihil mihi confcius fum : fed non in hoc juftificatus fum.* 1. Cor.
Encore que ma confcience ne me reproche rien, je ne fuis pas juftifié pour cela.   Enfin, il XIII. 5.
lui dit , que le moyen de perdre le fruit de toutes fes bonnes œuvres, c'eft d'avoir la fol- * 1. ad
le prefomption de fe les attribuër, puis qu'elles ne font que des dons de Dieu. § *Noftra* Cor.
vult effe merita quæ funt ipfius dona.   IV. 4.
                                                              § Aug.

Pour la **Misit ad Pilatum uxor ejus dicens: nihil tibi & justo illi ; multa enim passa sum hodie , per**
fig. 23. **visum propter eum.** Matth. XXVII. 19.

La femme de Pilate luy envoya dire: ne vous embarassez point dans l'affaire de ce juste,
car j'ay été aujourd'huy étrangement tourmentée dans un songe à cause de luy.

CE que l'on vient de lire, est representé dans le petit tableau: Et quelques Docteurs
ont consideré les paroles de la Femme de Pilate à son mari, comme une tentation
dont le demon a voulu se servir par le moyen de cette femme, pour empêcher, ou pour differer la mort du Sauveur, qui en procurant nôtre salut, devoit détruire l'empire de ce Prin-
ce des tenebres. Mais sans adopter, ni rejetter cette pensée; il est certain, que les paroles d'u-
ne femme, ou des personnes les plus proches du malade, peuvent quelquefois luy tenir lieu
de tentation, quelque bonne intention que ces personnes ayent d'ailleurs pour le salut du malade.   Voici donc la cinquiéme Estampe de celles ausquelles on peut appliquer ce que
dit Job dans le Chapitre 7. qu'il commence ainsi.   *La vie de l'homme sur la terre est une*
guerre, ou selon les Septante , *une tentation continuelle.* Car aprés en avoir donné des
preuves, il dit, (vers. 13. & 14.) *Si je dis en moi-même, mon lit me consolera, & m'en-*
tretenant avec mes pensées , je me reposerai sur ma couche: vous me tourmenterez par des
songes, & vous me troublerez par d'horribles visions.   Et comme ce que Job dit dans ce
passage, arrive ordinairement aux hommes, à l'heure de leur mort, l'Ange qui a for-
tifié son malade dans toutes les tentations qui ont attaqué sa foi, son esperance & sa charité, luy fait entendre maintenant, que dans l'état où il se trouve, il doit regarder tout
ce qui ne le mene pas à Dieu , comme des choses dont le demon se sert pour le tenter
& pour le surprendre.   Ce qui seroit innocent pendant la santé , ne l'est plus dans un
tems de maladie, & encore moins, quand on est aux approches de la mort: Le tems
est alors trop precieux, pour le perdre en amusemens inutiles, le moindre retardement
est perilleux, & un moment de perdu, si la mort nous surprennoit, nous pourroit faire
† Eph. perdre un bonheur éternel. Il est bon de s'appliquer alors les paroles de l'Apôtre. *† Re-*
V. 16. **dimentes tempus quoniam dies mali sunt.** *Rachetant le tems, car les jours sont mauvais.*

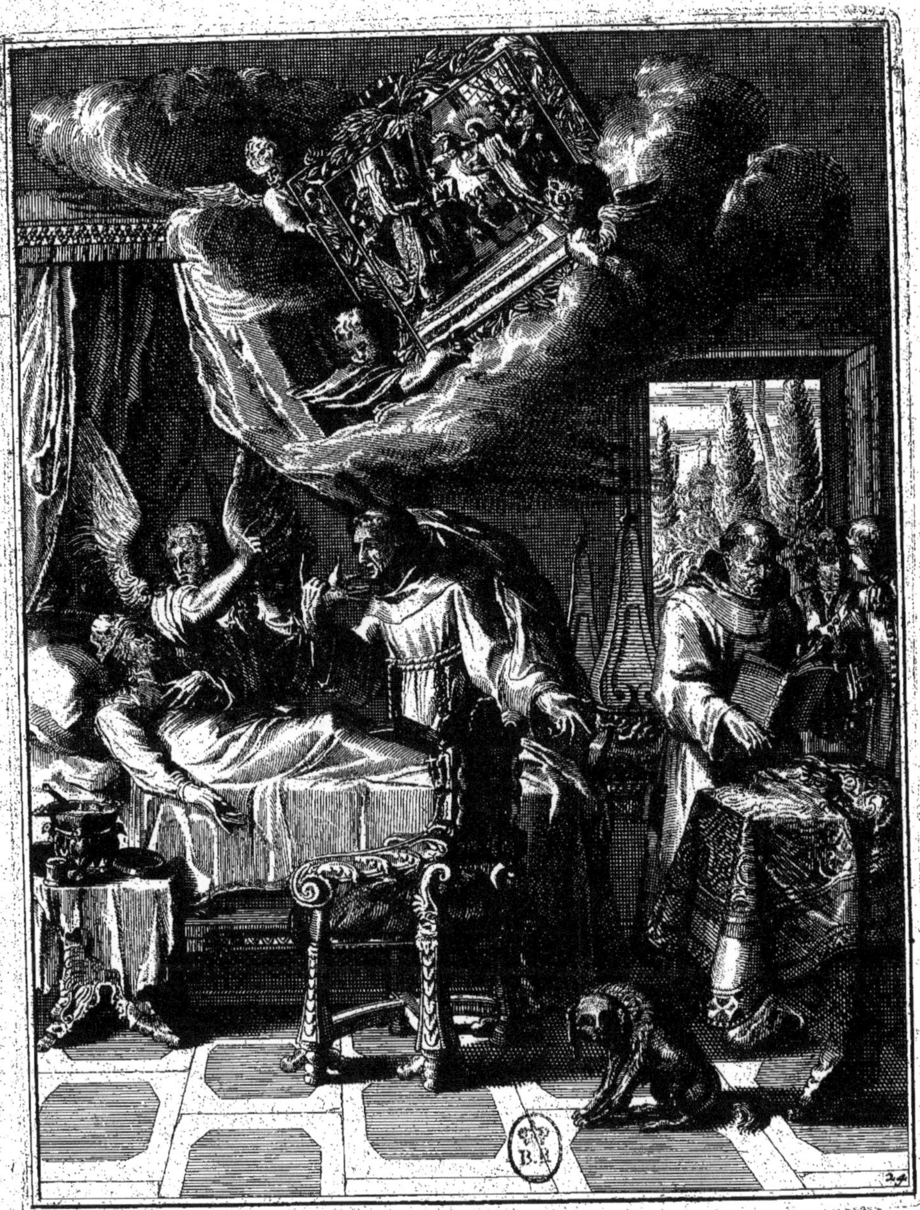

Respondit Jesus Pilato; non haberes potestatem adversùm me ullam, nisi tibi datum esset Pour la
desuper. Joann. XIX. 11.
fig. 24.

Jesus répondit à Pilate; vous n'auriez aucun pouvoir sur moi, s'il ne vous avoit
été donné d'enhaut.

ON voit dans le petit tableau, Pilate, Gouverneur de la Judée, qui faisant l'office
de President, dans le procés criminel, que les Juifs ont intenté contre le Fils de Dieu,
lui dit, *Quoi vous ne me parlez point? Ne savez vous pas que j'ay le pouvoir de vous faire attacher à une croix, & que j'ay le pouvoir, de vous en delivrer?* A quoi Jesus fit cette sage réponse: *Vous n'auriez aucun pouvoir sur moi, s'il ne vous avoit été donné d'enhaut.* Et comme l'Eglise est l'Epouse de Jesus-Christ, elle parle comme luy, dans la Priere qu'elle fait à Dieu, dans le Chapitre quatriéme du Livre des Actes, où parlant de ce
Conseil qui fut assemblé contre le Sauveur, elle dit que tout cela est arrivé par un effet par-
ticulier de la providence divine: *Les Rois de la terre se sont élevez & les Princes se sont unis
ensemble contre le Seigneur, & contre son Christ. Car nous voyons veritablement, qu'Herode
& Pilate avec les Gentils, & le peuple d'Israël, se sont unis ensemble contre vôtre saint Fils
Jesus que vous avez consacré par vôtre onction, pour faire tout ce que vôtre puissance & vôtre conseil avoient ordonné devoir être fait.* Sur quoi le Pere confesseur tient ce discours au
malade. Considerez Monsieur, que vôtre maladie & vôtre mort prochaine sont l'ouvrage "
de Dieu, qui fait agir les causes naturelles pour accomplir ses desseins. Recevez donc "
l'une & l'autre de sa main sans murmurer. Imitez vôtre Sauveur quand son Pere "
† *la livré à la mort pour nous tous.* * *Il s'est livré lui-même à la mort pour vous.* § *Il* " † Rom.
a été offert parce que lui-même l'a voulu. & il n'a point ouvert la bouche, contre ceux " VIII.
qui le firent mourir. Il fut *mené à la mort comme une brebis,* quoi qu'il eut un sou- " 32.
verain pouvoir, & sur ceux qui luy faisoient souffrir la mort, & sur la mort même. " * Gal.
Il a été *muet comme un agneau devant celui qui le tond.* † *Mitis in vita, mutus* " II. 20.
in morte. Afin que vôtre douceur & vôtre patience, pendant vôtre vie, & à l'heure " § Jesa.
de vôtre mort, fut un effet, & une imitation de la sienne. " LIII.
" 7.
† Aug.

Pour la
fig. 25. *Milites plectentes coronam de spinis imposuerunt capiti ejus, & veste purpurea circumde-*
derunt eum. Joann. XIX. 2.

Les Soldats ayant fait une couronne d'épines, entrelassées, la luy mirent sur la tête, & ils le revêtirent d'un manteu d'écarlate.

COmme on a quelque lieu d'esperer encore le recouvrement de la santé du malade, on
ne neglige aucuns remedes pour cela, quoi qu'on ne cesse pas pourtant de luy procurer ceux de l'ame. Le medecin est present à la saignée qu'on luy fait, la femme af-
siste son mari avec toute la douceur, & toutes les marques d'affection, qu'il luy est possible. On luy prepare son lit, pour tâcher de luy procurer du repos. Le valet qui
tient le bassin témoigne à sa mine triste, l'interêt qu'il prend à la santé de son maître.
Tous ces soins qui ne regardent que le corps, se peuvent rendre sans doute par un
mouvement de charité; mais c'en est une bien plus grande, que d'enseigner au malade,
comme il se doit conduire quand on luy applique des remedes, afin que les recevant
d'une maniere humble & chrêtienne, cela luy tienne lieu d'une action meritoire. C'est
à quoi s'attache ici l'Ange gardien. Imaginez vous qu'il dit au malade. ,, Regardez,
,, mon fils, la patience de vôtre Sauveur, lors que *Pilate le fit foüeter*, lors que *les Juifs*
,, *le couronnerent d'épines*, lors qu'*ils le revêtirent d'un manteau d'écarlate*; lors qu'*ils lui*
,, *venoient dire*; *salut au Roi des Juifs*, & *qu'ils lui donnoient des soufflets, des coups de*
,, *verges, & qu'ils lui crachoient au visage.* Considerez avec qu'elle patience le Fils de
,, Dieu a souffert tous ces outrages, pour satisfaire à son Pere, & pour nous procurer
,, le salut. Souffrez à son imitation qu'on vous applique des remédes, quand même il y
,, auroit de l'amertume & quelques douleurs à souffrir. Offrez les à Dieu le Pere, avec ce
,, que son Fils luy a offert pour vous.

Jesus bajulans sibi crucem , exivit in eum , qui dicitur Calvariæ , locum. Pour la
Joann. XIX. 17.   fig. 26.

Jesus portant sa croix , il vint au lieu appellé du Calvaire.

DAns le tems qu'on void dans le petit tableau Jesus qui porte sa croix , le Confesseur en apporte une autre au malade , en lui disant ces paroles.

Mon tres cher frere , Je vous presente cette croix , afin que la regardant souvent , "
& la baisant devotement , vous vous souveniez de JESUS-CHRIST prennant & "
portant la sienne , pour vous conformer à lui en cet état , & pour goûter dans vôtre "
ame le fruit de sa passion & de sa mort excité par cet objet , unissez vos douleurs "
aux siennes , & demandez lui par les merites de sa mort la grace de faire un bon usage "
de vôtre maladie , & de toutes vos douleurs. N'oubliez pas aussi de lui demander "
la grace de vous resigner à la mort , avec une entiere soûmission à sa volonté pour "
cet effet , prennez de tems en tems ce crucifix , & tournant vôtre cœur vers celui qui "
l'a sanctifié par sa mort , dites lui ; J'accepte , mon Dieu , ma maladie , avec tou- "
tes ses circonstances , & toutes ses suites ; & mêmes la mort , comme une satisfac- "
tion pour mes offences. Je reconnois que vous me traitez avec beaucoup d'indul- "
gence ; puisque je merite par mes pechez des peines infiniment plus grandes , & "
mêmes celles de l'enfer. Je vous remercie , mon Dieu , de m'avoir envoyé cette "
maladie , comme un témoignage que vous me donnez de l'amour que vous avez pour "
moi. Je vous supplie de me donner la vertu de la patience , que vous avez si admi- "
rablement pratiquée , en portant la croix ; afin que je puisse supporter tous mes maux "
pour l'amour de vous , & pour satisfaire à mes pechez , faites moi souffrir hum- "
blement & amoureusement avec vous sur la terre , afin de pouvoir me réjoüir avec "
vous dans le Ciel , pendant toute l'Eternité.

G

Christus

Pour la
fig. C.   *Christus semel pro peccatis nostris mortuus est , justus pro injustis , ut nos offerret Deo.*
I Petri III. 18.

aprés la
fig. 26.   Jesus-Christ a souffert pour nos pechez le Juste pour les injustes , afin qu'il nous
amenât à Dieu.

Voici le commencement de la troisiéme partie, vous y voyez le Pére Eternel ap-
puyé sur le Firmament , ayant la tête entourée de rayons & des sept lampes de
l'Apocalypse , pour marquer la gloire de la Majesté Divine.   Il montre du doigt son
fils crucifié , dans le tableau , que les Anges tiennent sur la montagne ; & il dit à tous
ces miserables qu'on voit au pied de cette montagne , chargez chacun de sa croix &

* Exod.
25.   de son fardeau , ce qu'on lit dans cette inscription : * *Inspice & fac secundum exem-*
plar, quod tibi in monte monstratum est : Regardez & faites selon le modele qui vous a
été montré sur la montagne.   Le Fils de Dieu dit en même tems à ces pauvres affli-
gez :   * *Exemplum dedi vobis , ut quemadmodum ego feci vobis , ita & vos faciatis.*

* Joann.
13.   Je vous ay donné exemple , afin que pensant à ce que je vous ay fait , vous fassiez
aussi de même.   Il se trouve parmi la foule , un homme qui se voyant attaché au monde , par un bras avec une chaîne de fer , se plaint de ne pouvoir pas se détacher , pour
faire ce que le Fils de Dieu demande de lui , & ce que le Pere lui commande , mais
une Vierge lui donne la main & lui inspire du courage. Cette Vierge represente elle seule
les trois vertus Theologales : La Foi tenant la Croix d'une main ; l'Esperance , étant
appuyée sur une Ancre ; & la Charité , ayant une flamme qui sort de sa tête , & qui
lui sert de fontange.   On void en perspective les Anges armez d'épées flamboyantes ,
qui donnent la chasse au monde , à la mort , & au Diable avec ses Serpens , pour signifier les effects de la mort du Sauveur sur la Croix. Et c'est de cette Croix , à laquelle il
fut attaché , des circonstances de cette mort , & des mysteres qu'elle renferme , dont
on parlera jusques à la fin.

INRI
vide et fac secundum exem-
plar quod tibi in monte monstratum
est. Exod. 25.

Conversus autem ad illas Jesus dixit: filiæ Jerusalem, nolite flere super me, sed super vos ipsas flete, & super filios vestros. Luc. XXIII. 28.

Pour la fig. 27.

Et Jesus se tournant vers elles leur dit, filles de Jerusalem ne pleurez point sur moi, mais pleurez sur vous-mêmes, & sur vos enfans.

ON void ici des larmes repanduës avec abondance, par un sexe fragile, susceptible de compassion, & qui ne s'attachoit qu'à l'exterieur de la mort de Jesus, sans en considerer les suites, qui devoient être si funestes à la Ville de Jerusalem & à toute la Nation des Juifs, & si glorieuses pour tous ceux, qui s'appliqueroient cette mort avec une vraye & vive foi. Mais voyons l'exhortation que l'Ange gardien fait au malade. Vous voyez mon cher fils, que les filles † de Sion sont sorties pour voir leur Roi, leur vray Salomon, & qu'elles ont tout quitté pour considerer & pour adorer leur Monarque, JESUS, qui porte sur ses épaules le sceptre de sa royauté & qui marche tout courbé sous le fardeau de sa Croix, pour se rendre au Calvaire. Ah! que ce joug est pesant, & que ce fardeau est insupportable! puisque JESUS qui porte la qualité de *Fort* dans les Ecritures succombe sous cette charge, & tombe souvent à terre. Mais ce n'est pas tant ce bois, que les iniquitez des hommes, qui l'accablent. Aussi n'est ce pas seulement aux femmes, qui le suivoient en pleurant sur lui; mais à vous aussi, Mon cher Fils, qu'il adresse ces paroles: *Ne pleurez pas sur moi, mais pleurez sur vous mêmes.* N'est ce pas le moins que vous devez faire que de pleurer sur vous puisque le Fils de Dieu vous le commande, lui que vous avez si horriblement chargé, & qui veut bien vous décharger à cette condition? Je vous permets cependant de pleurer aussi sur lui; comme je vous permets, chere femme fils & filles de pleurer sur le Malade, à condition que vous le fassiez aussi sur vous mêmes. Vos desordres lui ont peut être attiré cette maladie, & seront cause de sa mort. Pleurez donc sur le Fils de Dieu par compassion à ses souffrances; & par reconnoissance pour son amour, qui l'a porté à les endurer pour vous: mais répandez aussi des larmes sur vous mêmes, parceque vos pechez sont la cause de ses souffrances; & dites sans cesse, avec le Prophete: * *Il a pris veritablement nos langueurs sur lui, & il s'est chargé lui même de nos douleurs.*

"† Can.
"III. 11.
"<br>"<br>"<br>"<br>"<br>"<br>"<br>"<br>"<br>"<br>"<br>"<br>"<br>"<br>"* Isa.
53. 4.

Dede-

Pour la
fig. 28.　*Dederunt ei vinum bibere.* [*Myrrhatum*] *cum felle miſtum; & cùm guſtaſſet noluit bi-*
bere. Matth. XXVII. 34. Marc. XV. 23.

Ils luy donnerent à boire du vin mêlé, [avec de la Myrrhe] & du fiel: mais en ayant
goûté, il ne voulut point en boire.

LE parallele qu'il y a ici entre le grand & le petit tableau; C'eſt qu'on offre au Fils
de Dieu, & au Malade une boiſſon fortifiante & desagreable. Mais entendons encore
une fois l'exhortation de l'Ange, qui parle ainſi au Malade. Voudriez vous bien Mon-　"
cher fils, que tout ſe changeât en douceur pour vous, pendant que tout ſe change en amer-　"
tume, pour faire ſouffrir vôtre Sauveur & vôtre Maître? Les Juifs qui auroient dû　"
par un ſentiment d'humanité, ſoulager cette innocente victime, aprés une fatigue　"
incroyable cauſée par la peſanteur de ſa croix, par les combats de la plus terrible de　"
toutes les nuits, par cette perte de ſang qu'il avoit ſoufferte par la flagellation, & par　"
la couronne d'épines, ſous pretexte de ſatifaire à ce devoir, luy preſentent un breu-　"
vage amer, & qui bien loin d'adoucir la rigueur de ſon ſupplice n'auroit ſervi qu'à　"
l'augmenter, en le prolongeant davantage. Il engoûta ſeulement pour en ſouffrir l'a-　"
mertume, & il rejetta le reſte, pour ſentir toutes les douleurs de la croix, offrir ſon　"
ſacrifice a avec une une entiere liberté d'eſprit, & ne pas differer le moment de ſa　"
mort, & la conſommation de ſon ſacrifice, en reparant ſes forces. Il marque auſſi　"
par là qu'il veut laiſſer une partie de ſon Calice à boire, à vous mon cher frere. Di-　"
tes donc du fond de vôtre cœur. Ha qu'il eſt juſte, il m'en laiſſe encore trop peu,　"
& ce peu qu'il m'en laiſſe a perdu ſon amertume, & s'eſt changé en douceur, depuis　"
que mon Sauveur en a goûté le premier.　"

B.R

Milites cum crucifixiſſent eum, acceperunt, veſtimenta eius, [*& fecerunt quatuor partes unicuique militi partem*] Joann. XIX. 23.

Pour la fig. 29.

Les ſoldats ayant crucifié Jeſus, prirent ſes vêtemens, & les diviſerent en quatre parts, une pour chaque ſoldat.

CEux qui veulent graver quelque belle figure ſur du metail, ne le ſauroient faire qu'en rejettant toute la matiere qui empêche l'impreſſion de la figure qu'il veut graver. C'eſt ainſi que doit faire un riche mourant. Il faut qu'il donne le moyen à la grace de Dieu de s'imprimer dans ſon ame, en retranchant tout ce qu'il y a d'impur & de terreſtre. Il doit mourir à ſes biens & à ſes affections, avant que de mourir à ſon corps. C'eſt le ſeul moyen qui lui reſte que cette abnegation volontaire de ſoi-même, pour attirer l'amour de Dieu & l'imprimer dans ſon cœur. C'eſt l'offrande que fait à Dieu nôtre malade, à l'extremité de ſa vie. Il ſait que Jeſus s'eſt dépouillé pour nous enrichir, comme dit l'Ecriture Sainte, qu'il a quitté juſqu'à ſes habits, quand il a été attaché à la croix; & le malade, ayant cet exemple devant les yeux, s'y veut conformer en quelque ſorte. Il a diſpoſé de tous ſes biens, il ne lui reſte que ſes habits qu'il donne charitablement aux pauvres, ſachant qu'il n'en aura plus beſoin, & ſe ſouvenant de ce que dit l'Ecriture en quelque part, que *nous ſommes ſortis nuds du ſein de nôtre mere, & que nous devons rentrer nuds dans le ſein de la terre,* qui eſt nôtre commune mere. Ainſi quand ſon heure ſera venuë, il n'aura autre choſe à faire qu'à quitter ſon corps, qui eſt ſon vetêment, (le vetêment de ſon ame) & c'eſt la maniere dont Jeſus-Chriſt eſt mort. Ceux qui meurent de cette ſorte, aprés avoir diſpoſé de tout ce qu'ils avoient, goûtent la mort comme un doux ſommeil, à peu prés comme nous faiſons toutes les nuits, aprés avoir quitté nos habillemens. O † Eccl. qu'une telle mort eſt douce? Et s'il eſt dit dans l'Eccleſiaſtique, † *ô mort que ton ſou-* XLI. 1. *venir eſt amer !* il eſt ajouté, que c'eſt *à un homme qui vit en paix au milieu de ſes biens.* Et par-là l'Ecriture nous fait entendre que le moyen de rendre douce cette mort, c'eſt de ſe dépouiller de ſes biens & d'en détacher ſon cœur. Heureux celui qui s'en ſepare de telle maniere, qu'à l'heure de ſa mort il puiſſe dire, que le monde lui eſt mort, & qu'il eſt mort au monde.

G 3

Cru-

 Crucifixerunt eum, & cum eo alios duos, hinc & hinc, medium autem J E S U M. Joann.
XIX. 18.

Ils le crucifierent, & deux autres avec lui, l'un d'un côté, l'autre de l'autre, & Jesus au
milieu.

LE Pere Confeffeur portant un beau crucifix au malade, lui recommande de le regarder fouvent, & de le baifer de tems en tems; pour marquer combien la memoire de la mort de Jefus lui eft chere & precieufe. Et comme il eft un de ces pieux &
de ces favans Confeffeurs, qui exhortent non feulement leurs penitens, mais qui leur
commandent même de lire la parole de Dieu fuivant les régles que l'Eglife en a éta-
blies, il recommande à nôtre malade de fe faire lire l'Hiftoire de la mort du Fils
de Dieu, dans la fource des Evangiles mêmes. C'eft pourquoi l'on void au prés du lit
le livre des Evangiles ouvert, fur un precieux Efcabeau, dont les quatre coins portent les
Symboles des quatre Evangiles ; favoir les têtes d'un Aigle, d'un Lion, d'un Bœuf &
d'un Homme. L'Ange fecondant les deffeins du bon Pere, dit au malade., „ pendant
„ que les bourreaux tiennent le Fils Dieu attaché & élevé fur ce bois, infame, à leurs
„ yeux, & dont nous tirons toute nôtre gloire; & que les impies fatisfont leur ra-
„ ge & leur cruauté, par la veüe d'un fi étrange fpectacle; ouvrez, mon cher
„ Chrêtien, les yeux de vôtre foi, regardez ce myftere avec une humble devotion,
„ & entrez dans la profondeur de la fcience de la Croix de Jefus. Tournez-vous
„ vers fon Pere Eternel pour l'adorer, & fouvenez-vous qu'il a établi une liaifon in-
„ violable entre la Croix & fon Fils : liaifon fi étroite, que Jefus ne fera jamais don-
„ né à perfonne, en cette vie, fans la Croix, ni la Croix fans lui. Ces Clous
„ fi grands & fi forts, avec lefquels on attache le Sauveur à la Croix, en font une fidele
„ reprefentation. Ainfi mon cher enfant, celui qui aime Jefus doit aimer la Croix,
„ & celui qui le veut poffeder, doit faire état de poffeder la Croix avec lui. Aymez
„ donc la Croix en aimant Jefus, & poffedez la Croix, afin de poffeder Jefus avec elle.

Si Rex Iſrael eſt , deſcendat nunc de cruce & credemus ei.   Matt. XXVII. 42.   Pour la fig 31.

S'il eſt le Roi d'Iſraël, qu'il deſcende preſentement de la Croix, & nous croirons en lui.

LE petit tableau nous repreſente ce que les Evangeliſtes nous ont appris par ces mots. *Aprés que les Juifs eurent crucifié le Sauveur, ceux qui paſſoient parlà le blaſphemoient , branlant la tête , & lui diſant ; toi qui détruis le Temple de Dieu , & qui le rebâtis en trois jours, que ne te ſauves-tu toi-même ? Si tu es le Fils de Dieu , décends de la Croix. Les Princes des Preſtres ſe mocquoient auſſi de lui, avec les Docteurs de la Loy , & les Senateurs, en diſant, il a ſauvé les autres , & il ne ſe ſauroit ſauver lui-même; s'il eſt le Roi d'Iſraël, qu'il décende preſentement de la Croix , & nous croirons en lui.* Le deſſein du Peintre n'eſt pas tant de faire voir l'injuſtice & l'endurciſſement de tous ces blaſphemateurs , tant Eccléſiaſtiques, que Seculiers, que de nous faire admirer la reſignation profonde de Jeſus à la volonté de ſon Pere.   Il n'y avoit rien de ſi facile au Sauveur, que de faire ce qu'on lui reprochoit comme une choſe impoſſible : Cependant il ne l'a pas voulu faire, parce que ce n'eſtoit pas la volonté de ſon Pere, qui ne l'avoit envoyé au monde , que pour y ſouffrir la mort pour nous: Et cette volonté a toûjours été la régle de celle de Jeſus-Chriſt , comme elle le doit être de la nôtre.   Ainſi le malade ne doit ſouhaiter de vivre qu'autant de temps que Dieu le véut laiſſer ſur la terre; & quand il pourroit , par une ſeule parole ſe remettre dans une parfaite ſanté , il ne devroit ni l'entreprendre ni le ſouhaiter, ſi cela repugnoit à la volonté de Dieu.   Pour mettre l'eſprit du malade dans cette ſainte diſpoſition. L'Ange lui conſeille de s'adreſſer à Dieu le Pere , & de lui dire : „ Donnez moi , mon Dieu que je puiſſe apprendre de vôtre „ Fils Jeſus, à regarder dans ſon eſprit, & avec la même reſignation , tout ce qui m'ar- „ rivera, juſqu'à la fin prochaine de mes jours. Faites que je le conſidere, comme „ venant de vôtre part, & comme un témoignage de vôtre amour.   Que je l'accepte „ de même, & que je le ſouffre avec un amour ardent & ſincere pour tout ce qui vient „ de vous.   Donnez moi enfin cet amour, qui me faſſe vouloir tout ce qu'il vous „ plaît , & que rien ne me plaiſe que ce que vous voulez.

 *Stabat populus spectans , & deridebant eum Principes cum eis dicentes; alios salvos fecit se
salvum faciat , si hic est Chistus, Dei electus.* Luc XXIII. 35.

Le peuple se tenoit là , & le regardoit , & les Senateurs aussi bien que le peuple , se
mocquoient de lui en disant: il a sauvé les autres, qu'il se sauve maintenant lui-même,
s'il est le Christ, l'élû de Dieu.

LE malade considerant que les Juifs perseverent dans leur malice, pendant que le Fils
de Dieu est attaché à la Croix, continuë dans la meditation des instructions que son
Ange , & son Confesseur lui ont données. C'est pour cela qu'ayant repris le Crucifix que le Confesseur lui avoit apporté, il le baise & l'embrasse, & adressant la parole à
celui qui est representé par le Crucifix, il dit. „ Jesus mon Sauveur, les Juifs vous
„ insultent ; parce qu'ils vous voyent attaché à la Croix. C'est un effet de
„ leur ignorance. Pour moi à qui vous avez fait la grace d'être mieux instruit , je
„ considere la Croix comme vôtre trône, où vous devez recevoir les hommages dûs à vôtre
„ grandeur. Je la regarde comme vôtre Tribunal, où vous jugez les hommes, & où la mi-
„ sericorde & la Justice s'exercent sur les pecheurs. Je la respecte comme vôtre chaire, où
„ vous enseignez vos Disciples , & d'où vous leur parlez au cœur, & leur apprenez
„ une science que pas un des Philosophes n'a connuë. Je l'envisage comme vôtre lit
„ nuptial , où vous épousez vôtre Eglise , où vous enfantés ses enfans en leur don-
„ nant la vie par vostre mort. Je la revere comme vôtre Autel, où vous offrez le sa-
„ crifice predit, figuré, desiré, & attendu, depuis plus de quatre mille ans. Cependant
„ je voi mon doux Jesus, que les Juifs ne regardent vôtre Croix, que comme un instru-
„ ment de vôtre supplice, & qu'ils continuent à vous charger de blasphemes. Mais si la
„ Justice veut que vôtre Croix soit leur supplice, la misericorde demande qu'elle soit
mon salut.

JESUS

Jefus dicebat: Pater, dimitte illis, non enim fciunt quid faciunt. Luc. XXIII. 44.   Pour la
fig. 33.

Jefus difoit; mon Pere pardonnez leur, car ils ne favent ce qu'ils font.

L'Ange Gardien tenant à la main une branche d'Olivier , qui eft le Symbole de la paix, fignifie qu'il s'agit ici d'une reconciliation. Elle fe fait auffi dans toutes les formes, & toutes les circonftances en font admirablement repreientées dans le tableau. Mais au lieu de nous amufer à les confiderer , voyons jufqu'où va la perfection de la charité du Fils de Dieu. Il rompt le filence qu'il avoit gardé jufqu'à prefent fur la croix; non pour repouffer les injures qu'on luy fait, mais pour prier pour fes bourreaux & pour fes perfecuteurs. Il pratique d'une maniere bien heroïque cette doctrine qu'il a prêchée touchant le pardon des ennemis. Il prie Dieu de faire mifericorde, à ceux qui n'ont pour luy que de l'inhumanité. Il demande la vie pour ceux qui luy donnent la mort & il offre pour fes ennemis le fang même qu'ils répandent fi cruellement. Il fait cette priere pour ceux qui le blafphement, *Mon Pere pardonnez leur, car ils ne favent ce qu'ils font.* O charité crucifiée avec JESUS, qui pourra fe défendre de vous imiter? & quel eft le cœur affez dur, pour garder la moindre haine contre fon frere, lors-qu'il void fon chef & fon Dieu, exercer une charité fi prodigieufe à l'égard de fes ennemis; & de l'exercer dans le tems , qu'ils font éclater contre luy les derniers effets de leur haine & de leur fureur? Cependant tous les pecheurs fe doivent regarder ici comme ceux qui ont crucifié le Fils de Dieu, & qui luy ont fait mille ou-trages. † *Rurfum crucifigentes fibimet ipfis filium Dei, & oftentui habentes.* Cruci- " † Heb.
fiant de nouveau le Fils de Dieu, en eux mêmes, & l'expofant à la mocquerie publi- " VI. 6.
que.Mais puifque les plus grands ennemis de JESUS-CHRIST ont eu part à la priere "
qu'il a faite fur la croix, que chacun luy dife , d'un cœur humble & reconnoiffant , "
foyez beni, loüé, & adoré éternellement, mon Dieu, pour une charité fi admirable. "
Et puis que c'eft cet amour des ennemis, qui fait un cœur vrayment Chrétien , je "
vous demande, Divin JESUS, & cet amour, & ce cœur. "

H

58

<table>
<tr><td>Pour la
fig. 34.</td><td>*Clamavit* JESUS *voce magna, dicens: Eli Eli, lamma sabacthani! hoc est, Deus meus, Deus meus, ut quid dereliquisti me?* Matth. XXVII. 46.</td></tr>
</table>

JESUS jetta un grand cri, endisant : Eli, Eli, lamma sabacthani ! C'est-à-dire, mon Dieu, mon Dieu, pourquoi m'avez vous abandonné ?

LE Malade étant dans un gros redoublement de fievre, son Ange le console, luy faisant considerer, l'inconcevable abandonnement dont le Fils de Dieu s'est plaint sur la croix. Il luy fait concevoir que ce delaissement que JESUS a souffert, n'est pas seulement exterieur, mais aussi interieur, & que Dieu le Pere n'a pas seulement abandonné son Fils à la fureur des hommes, mais qu'il l'a livré aussi à la severité de la Justice divine ; c'est-à-dire qu'il a senti dans ce moment, cet abandonnement de Dieu que nous avions merité par nos pechez, dont JESUS-CHRIST s'étoit chargé volontairement. Il luy dit que cette parole de JESUS est moins une plainte, qu'une instruction dans sa bouche ; qu'il veut par là nous rendre attentifs & à la grandeur de ses souffrances, & aux mysteres de sa croix. Il luy dit aussi que le Sauveur n'est abandonné de son Pere, que parce que le pecheur meritoit de l'être, & afin qu'il ne le fût pas ; que cependant ce delaissement est d'autant plus admirable, que dans le tems que le Pere éternel expose JESUS-CHRIST à la rage des creatures, & à tous les traits de la Justice divine, il s'unit a nous plus étroitement par la satisfaction de son Fils. Et comme les peines qu'il souffroit de la part des hommes, n'étoient pas suffisantes pour appaiser sa justice, Dieu a voulu luy même appesantir sa main sur cette divine victime, comme pour suppléer à l'impuissance des bourreaux. Ils ne pouvoient porter leurs mains cruelles que sur le corps du Fils de Dieu, & le Pere appesantit la sienne sur son ame pour la faire souffrir d'une maniere qui surpasse toute nôtre imagination. Ainsi du plus grand de tous les maux, Dieu a tiré le plus grand de tous les biens, & quelques momens de souffrances nous procurent une éternité de bonheur. L'Ange commande ensuite au Malade d'adorer JESUS dans son état d'abandonnement, & de le prier qu'il sanctifie ses abattemens & ses langueurs, par ce qu'il a souffert, & d'où découle une abondance de grace, de consolation, de paix & de joye dans tous ses membres, qui sont les fideles.

Dixit Latroni JESUS: *Amen dico tibi: hodie mecum eris in Paradiso.* Luc XXIII. 43. Pour la fig. 35.

JESUS répondit au Larron: Je vous dis enverité, que vous serez aujourd'huy avec moy en Paradis.

VOICI un grand criminel, un voleur de grands chemins, condanné à la mort par la justice humaine, qui par un bonheur inesperé devient le compagnon des souffrances du Fils de Dieu, un Confesseur de sa verité, & le compagnon aussi bien que le témoin de sa gloire. Les Peres de l'Eglise ont dit, qu'il a été un de ces violens, qui ont forcé le Royaume des cieux, & qu'ayant été toute sa vie un ravisseur, il n'avoit fait que changer d'objet, courant après les richesses du Ciel, avec la même ardeur, qu'il avoit enlevé celles de la Terre. Il vient de dire au Sauveur, *Seigneur souvenez vous de moi, quand vous serez arrivé dans vôtre Royaume.* Paroles dont le Malade se doit servir particulierement aux approches de la mort, afin d'avoir part au bonheur, que JESUS promet au bon Larron. Aussi l'Ange fait remarquer au Malade, la difference de la conduite que le Fils de Dieu a tenüe sur les deux compagnons de son supplice. Elle est tout à fait surprenante, car si la misericorde qu'il fait à l'un, en le changeant tout d'un coup, & en le faisant d'un voleur & d'un scelerat, le premier Apôtre de la croix, est l'effet d'une charité immense; la justice qu'il exerce sur l'autre, en l'abandonnant à la malite, & à la dureté de son cœur, est quelque chose de terrible. Il fait voir qu'il est le souverain Arbitre de la vie & de la mort eternelle, qu'il est le maitre absolu de sa grace & de sa gloire; & qu'il ne la donne pas au merite, puisqu'il la donne à un Larron, au dernier moment de sa vie. Ainsi il surpasse toutes ses esperances. Le Larron ne demande qu'un souvenir, & le Fils de Dieu luy promet le repos celeste, & la joye de le posseder avec luy, & en ce même jour qu'il luy parle. Quel bonheur pour ce criminel; il n'attendoit que la mort, & il trouve la vie eternelle; dans le tems qu'il satisfait à la justice humaine pour ses crimes, il voit un glorieux répondant qui satisfait pour luy à la justice divine! Enfin le lieu de son supplice, le theatre de son infamie, son supplice même, change de nature, & devient pour luy, son bonheur, sa gloire, & la porte du Paradis. Quel pecheur ne sera point attiré par une bonté si liberale, si prevenante, si divine, que celle que JESUS-CHRIST témoigne à ce penitent. Quel Malade à l'approche de la mort, excité par cet exemple, n'imitera la repentance du bon Larron, pour ouïr un arrêt si favorable & ne dira avec l'Apôtre: *Le moment si court & si* Cor. *leger des afflictions, que nous souffrons en cette vie, produit en nous le poids eternel d'une* IV. 17. *souveraine & incomparable gloire.*

JESUS

 JESUS dixit : sitio.... Cùm ergo accepisset Jesus acetum dixit , consummatum est. Joann. XIX. 28. 30.

JESUS dit : j'ay soif..... Et ayant pris le vinaigre, il dit tout est accompli.

LE Malade se trouvant pressé d'une grande soif, l'Ange prend occasion de là, de lui parler de celle que JESUS-CHRIST souffrit à la Croix , & de l'entretenir de ce qu'il dit aprés avoir pris le vinaigre, touchant l'accomplissement de sa passion , & de la volonté de son Pere. „ Vous voyez, dit il au Malade , un exemple adorable
„ de constance & de fidelité , à porter la mortification jusqu'au dernier soupir de la
„ vie, & à boire tout ce que JESUS-CHRIST nous a reservé de l'aigreur & de l'a-
„ mertume de son Calice. Si la soif qu'il souffroit dans le corps étoit insupportable,
„ celle de son cœur pour la gloire de son Pere , & pour vôtre Salut étoit incompa-
„ rablement plus ardente. On soulage celle de son corps par un nouveau tourment,
„ en lui presentant du vinaigre , & il le prend pour satisfaire à celle de son cœur, &
„ il dit en suite ; que *tout est accompli.* Voilà, Mon cher Fils, ce que vous ne sauriez
„ dire , qu'aprés avoir souffert, comme lui, sans murmurer, tous les maux qu'il
„ plaira encore à Dieu de vous envoyer. Il faut imiter son exemple , en souffrant
„ avec une patience si parfaite , que vous puissiez dire à l'heure de vôtre mort , que
„ tout est accompli, & que tous les desseins de Dieu sur vous sont consommez par
„ vôtre obeissance. Enfin il faut qu'à son exemple, vôtre vie ne vous soit point ar-
„ rachée comme par violence ; mais que vous la rendiez de bon cœur à celui qui
„ vous l'a donnée. C'est une hostie ; qu'elle soit volontaire. C'est un hommage ;
„ qu'il soit plein de soûmission. C'est une restitution ; qu'elle se fasse avec l'amour
„ de la justice. C'est une satisfaction , qu'elle soit humble. Pour obtenir la grace
„ d'une telle mort , adorez souvent celle de JESUS-CHRIST. Elle est la source de
„ la grace de bien mourir.

Scripsit

Scripsit autem & titulum Pilatus, & posuit super Crucem. Erat autem scriptum : Jesus Nazarenus Rex Judæorum. Joann. XIX. 19.   Pour la fig. 37.

Pilate fit une inscription, qui fut mise au haut de la Croix, où étoient écrits ces mots: Jesus de Nazareth Roi des Juifs.

Dieu qui est le maître de la langue & de la main des impies, leur fait dire souvent de grandes veritez, lors qu'ils ne pensent qu'à se mocquer. C'est ce qui est arrivé en cette rencontre: Car cette inscription que Pilate a mise sur la Croix de Jesus & dont les Juifs faisoient une ironie sanglante, est une verité incontestable ; mais elle est aussi l'Arrêt de leur condamnation, puis qu'ils ont si mal traitté celui qui étoit leur Roi, & que la derniere des ignominies n'a pû le dépouiller de la royauté, que Pilate lui attribuë jusqu'au lieu de son supplice. Aussi quand les Juifs le voulurent obliger à changer quelque chose à cette inscription, il leur répondit, * *Ce que j'ay écrit, je l'ay écrit.* Et la * Joan. tradition nous apprend qu'elle ne peut jamais être effacée ; & qu'elle demûra dans son 19. 22. entier nonobstant toute la rage des Juifs.

Mais si ces quatre mots sont l'arrêt de la condannation des Juifs, ils donnent aux gentils un droit au Royaume des cieux ; & Pilate les ayant fait écrire en trois langues, a été, contre son intention, le premier Apôtre des Latins, des Grecs & des Hebreux, qui se convertiroient à l'Evangile. Et comme il est juste que toutes les langues confessent JESUS-CHRIST Roi sur la Croix, aussi bien que dans la gloire, Dieu a voulu que ce titre ait été ecrit sur sa croix en caracteres ineffaçables, & dans les trois principales langues, qui étoient alors en usage dans le monde. C'est ce nom de Jesus, qui signifie Sauveur, qu'un moribond doit toûjours avoir dans le cœur & dans la bouche. Il doit dire avec le Prophete Roi, * *Deus in nomine tuo salvum me fac: & in virtute tua judica me.* ,,Sauvez moi Mon Dieu, par *la vertu de* vôtre nom ; & faites éclater vôtre * Pf. 53. 1. puissance en jugeant en ma faveur. ,,C'est ce nom dont l'Apôtre a dit ; * *In nomine* * Ad *Jesu omne genu flectatur, Cælestium, terrestrium, & infernorum.* ,,qu'au nom de Je- Philip. sus tout genou fléchisse, dans le Ciel, sur la terre, & dans les enfers. ,, Mais 11. 10. c'est en vain qu'on fléchit le genou, si c'est par contrainte, & par une crainte d'esclave comme les Demons & les damnez & non par un mouvement volontaire d'amour & de devotion, comme les vrais enfans de Dieu. Enfin dans une maladie, & aux approches de la mort, fléchir sa volonté sous celle de JESUS-CHRIST, c'est la veritable adoration qu'il demande d'un malade, & de tous les vrais Chrêtiens.

Pour la
Fig. 38. *Stabat juxta Crucem Mater ejus.*   Joann. XIX. 25.

La Mere de JESUS se tenoit auprés de la Croix.

Comme le Confesseur vient de presenter au Malade le nom de JESUS ; il lui presente maintenant celui de la sainte vierge, *Marie*, pour renouveller dans son Cœur
la devotion à la Sainte Mere du Sauveur. Elle a merité par sa constance au pied de
la croix, qu'on s'adresse à elle, pour demander son intercession auprés de son Fils. Et
si le Malade s'est adressé fort souvent à elle, pendant sa vie, en lui disant. *Sainte Marie, Mere de Dieu, priez pour nous pecheurs, maintenant, & à l'heure de nôtre mort ;*
ne fera-t il pas cette priere quand cette heure approche ? Ne lui dira-t-il pas ? „ Je
„ vous honore & vous revere Sainte Vierge, dans cet état que vous portez au pied
„ de la croix, où vous compatissez à vôtre fils souffrant, & où vous devenez vraiment
* Isaie „ une femme des douleurs, par l'impression que cet * *homme des douleurs* fait dans
53. 3. „ vôtre ame. Les mêmes clous qui attachent JESUS, vôtre fils à la croix, vous atta-
* Luc. „ chent vous même à JESUS Crucifié. Ce glaive que Simeon * *vous a prédit devoir*
2. 35. „ *percer vôtre ame,* la penetre à present d'une maniere si vive, que si la main qui
„ vous fait souffrir ne vous soûtenoit, la mort de vôtre Fils seroit aussi la vôtre. Que
„ je sois digne Sainte Vierge, d'entrer dans la compassion de vôtre cœur, que JESUS
„ & sa croix s'impriment en moi par vôtre moyen, & que le même glaive de dou-
„ leur, qui a percé vôtre ame Sainte, perce vivement la mienne, pour compatir à
„ l'heure de ma mort à vôtre Fils mourant. Demandez lui pour moi la grace de
„ bien mourir, vous qui en étes la mere, aussi bien que de la Misericorde.
*Hym- * *MARIA Mater Gratiæ, Mater Misericordiæ ; tu nos ab hoste protege, & hora*
ne de *mortis suscipe.*
l'Eglise.

IRA

*Clamans voce magna, JESUS, ait, Pater, in manus tuas commendo spiritum meum. Et
hæc dicens exspiravit.* Luc XXIII. 46.

JESUS jettant un grand cri, dit ces paroles : *mon* Pere, je remets mon ame entre vos
mains. Et, en prononçant ces mots, il exspira.

C'Est ici le dernier deffein du Peintre, où il femble qu'il s'eft furpaffé. On void fur
le vifage du Mourant, toutes les marques de la mort. Les ornemens de la chambre ne prefentent aux yeux & à l'efprit que des objets triftes & lugubres. Les quatre
fins de l'homme y font fi bien exprimées, que la fimple reprefentation qu'on en
voit ici infpire une frayeur religieufe. Les Cyprés & les os en bas relief fur les pi-
liers font les Symboles de la mort. Un tapit reprefente le Ciel, & le dernier Jugement.
L'Enfer fe voit dans un fond au travers d'une grille, fur laquelle le petit Ange re-
pofe avec fon fable : les deux aîles dont il eft garni, nous marquent la vîteffe du
tems, & avec quelle rapidité il nous entraîne à ces fins. Enfin le petit tableau reprefente le Fils de Dieu, prononçant fa derniere parole, en rendant l'efprit. Le Mourant tient la chandelle benite pour marque de fa foy, qui eft la lumiere de l'ame ; le
Confeffeur tient le Crucifix pour exciter fon efperance, & les paroles de l'un & de
l'autre, ne font que des expreffions de la charité, qui fait le bonheur de la mort, comme elle a été la caufe & le motif de celle de JESUS-CHRIST. C'eft ce qu'il a voulu nous
apprendre par ce grand cri qu'il a jetté en mourant ; Il a voulu dis-je nous faire
voir, que fa mort ne venoit pas de l'épuifement de fes forces, mais de l'excez de fon
amour, & qu'il étoit le maître fouverain de fa vie & de fa mort. Ainfi ce grand cri a rendu
témoignage à fa Divinité, & la mort qui l'a fuivi, a fait voir fon humanité. Le fruit
que nous en devons recueillir, c'eft de nous refigner à la volonté de Dieu à l'exemple de nôtre Maître & de nôtre Grand Sauveur, de vivre d'une vie chrêtienne, digne de ceux qu'il a rachetez, & enfin de le prier inftamment que la vertu de fa mort
fe répande abondamment fur nous, que fa confiance admirable foit une fource de
confiance dans le dernier moment de nôtre vie ; & que vivant de la vie de ce jufte,
nous puiffions mourir comme lui, en adreffant à Dieu fes mêmes paroles. *Mon Pere
je remets mon ame entre vos mains.*

F I N.

APPROBATIONS.

CETTE Maniere de se preparer à la Mort, quand on commence d'en appercevoir les aproches, est très-utile pour exciter ceux qui s'appliqueront à la lire, afin d'y songer plûtôt & pendant qu'on est en pleine santé. Et comme il y a dans cet ouvrage un agreable melange des Veritez qu'on a tiré de la sainte Escriture, des Peres de l'Eglise, des Philosophes, & des Poëtes, on espere que ceux-la même que la seule curiosité attirera pour considerer les beaux desseins du Peintre, & pour en lire les agreables explications, se trouveront heureusement engagez à travailler tout de bon au changement d'une Vie, qui ne pouvoit leur promettre le bonheur de la Mort des justes.

Ce 1, Juin 1699.

J. CUVELIER, *Licent en Theol: Doyen de la Metrop. juge Synod. Censeur ord.*

J'Ai lû un Livre intitulé, *La maniere de se bien preparer à la Mort &c.* & l'ai lû avec tant d'édification, que je ne puis m'empécher de lui donner une Aprobation, que tous ceux qui le liront ne sauroient lui refuser. Quoique la matiere, qui y est traittée, interesse d'abord un Lecteur Chrêtien par son importance, & par la necessité qu'il y a de se preparer à une bonne mort, ce n'est pas pourtant ce qui m'a prevenû en faveur de cet ouvrage; il est estimable par lui même, & les choses qu'il contient répondent admirablement au titre qu'on lui a donné. Il est plein de reflexions solides, fortes, & touchantes, & une onction Sainte y est partout repandue. Tout ce qu'il y a de plus riche, de plus beau, de plus exquis, sur cette matiere, dans les Auteurs Ecclesiastiques, y est si bien apliqué, & avec tant de choix & de discernement, qu'il semble, que ce soient autant de Perles & de Diamans qui l'enrichissent. Les passages même des Auteurs payens qui y sont alleguez quelquefois, le sont avec tant d'adresse & de retenue, qu'ils semblent rendre hommage & donner du jour aux veritez du Christianisme. Enfin tout ce que j'ai lû dans ce petit Livre me paroît non seulement orthodoxe, & conforme à la Doctrine de l'Eglise C. A. R. mais plein d'une Morale exquise, pure, severe sans ostentation, & tirée de l'Ecriture & des Peres. Le stile aureste n'en est ni mol ni affecté, mais simple, grave, noble, precis, sententieux, & convenable à la dignité du sujet. Fait à TOURBILLE, Ce 26. May 1699.

H. L'AGE, *Licent: en Droit, Archip: Cens. des Liv:*

JE n'ay rien trouvé dans cette piece qui soit contre la foy ou contre les bonnes mœurs, mais au contraire la foy s'y trouve affermie sur les Articles qui en sont la Base; & comme la mort est la fin de la Vie, la maniere de se preparer à celle-là regle les mœurs de celle-cy; & l'on peut voir dans ce Traté, que les sentimens des plus savans parmi les Païens, lors qu'ils se trouvent conformes aux veritez de la Parole de Dieu, & aux maximes des saints Peres, sont trespropres à couvrir de confusion certains esprits, qui font profession d'une Morale si corrompue, qu'à peine on l'auroit tolerée dans le Paganisme. On espere aussi que pendant que la Beauté des tailles douces charmera les yeux, les agréemens du discours feront passer dans le cœur des considerations si salutaires, que malgré l'amour de la Vie on trouvera du plaisir de penser à la mort, & que la vive representation de ses frayeurs en diminuera même la crainte parce qu'elle en ostera la cause qui est la mauvaise disposition du Chrétien, c'est le sentiment que j'en porte.

Ce 12. May. 1699. P. DE LONBECHART, *Licent: en Theol. Censeur des Livres &c.*

www.ingramcontent.com/pod-product-compliance
Ingram Content Group UK Ltd.
Pitfield, Milton Keynes, MK11 3LW, UK
UKHW022303070726
13614UKWH00002B/520

9 782019 640378